JN079190

THE BEATLES IN HAMBURG

ビートルズ・イン・ハンブルク

世界一有名なバンドを産み出した街

イアン・イングリス　朝日順子 訳　藤本国彦 解説

青土社

ビートルズ・イン・ハンブルク　目次

ビートルズ・イン・ハンブルク

世界一有名なバンドを産み出した街

前書き――長期巡業

1960年8月15日、8人の男と1人の女から成るグループが、ボロボロのマイクロバスでリヴァプールを出発した。600マイルにおよぶハンブルクまでの旅の、最初の行程だ。出発を祝うセレモニーも無く、見送りに来た親しい友人や家族以外、誰にも気づかれない旅立ちではあったが、このささやかな出来事と、それに続くあらゆる事柄は、21世紀の音楽史においてほとんど例を見ないほどの重要性を内包していた。マイクロバスに乗る9人は、地元の興行主でマネージャー、クラブのオーナーでもあるアラン・ウィリアムズと、その妻ベリル、彼女の弟バリー・チャン、ウィリアムズのビジネス・パートナーでありフリーランスのミュージシャンでもあるロード・ウッドバイン、それに5人の若く野心に溢れたミュージシャン（バンド名をシルバー・ビートルズ［The Silver Beatles］からより短いものに変えたばかりだった）、ジョン・レノン、ポール・マッカートニー、ジョージ・ハリスン、スチュアート・サトクリフ、ピート・ベストだ。

一行がドイツに向かったのは、クラブのオーナーでドイツ人のブルーノ・コシュミダーが、ハンブルクのザンクト・パウリ地区レーパーバーン界隈に数軒ある自分のクラブに出演させようと、

1960年にイギリスからバンドを呼び寄せ始めたからだ。ロンドンのコーヒー・バー、トゥーアイズ（2 I's）でウィリアムズに偶然出会ったことがきっかけとなり、コシュミダーはリヴァプールのデリー・アンド・ザ・シニアズ（Derry and the Seniors）に数週間のハンブルク巡業を依頼した。あっという間に人気が出たため、彼はマージーサイドのバンドをもっと連れてくるよう要請する。最初に提案したキャス・アンド・ザ・キャサノヴァス（Cass and the Cassanovas）、ローリー・ストーム・アンド・ザ・ハリケーンズ（Rory Storm and the Hurricanes）、ジェリー・アンド・ザ・ペースメイカーズ（Gerry and the Pacemakers）をブッキングできなかったため、ウィリアムズはビートルズを推薦した。

この旅はビートルズが2年半の間、異なる時期に5回行うハンブルク巡業の第1回となる。また、本書の主な登場人物はそれぞれ、以降の数十年にわたり、ハンブルク時代がいかに重要だったかについて幾度となく言及することになる。「みんなすぐにマージーサイドに戻ったが、彼らはある種のすごいサウンドを身につけて帰って行った。そのサウンドは世界中に普及することになる」とウィリアムズは回想する＊1。ハリスンは「ハンブルクは人前で演奏する方法を学ぶ、修行期間のようなものだった」＊2と説明しているし、レノンも彼に劣らず当時の体験を好意的に捉えている――「僕らが本当の意味で成長したのは…ハンブルクでだ。自分の国に留まっていたら、絶対にあれほどうまくはなれなかったはずだ」＊3。ベストは「あの時期にカリスマ性を帯び始めた」と振り返る＊4。サトクリフは妹ポーリーンに宛てた手紙に、こう記している。「到着してから1000倍は上手くなったよ」＊5。マッカートニーの全体の記憶はこうだ。「ハンブルクに行っても最初のうちは何も起こらず、そうこうするうち何と大人気に！」＊6。ローリー・ストーム・アンド・ザ・ハリケーンズの一員として同時期にハンブルクにいたリンゴ・スターは、「僕らは20歳で、怖い物知らずで――とにかく最高

1962年4月～5月、最初のスタークラブ常駐公演でステージに立つビートルズ

だった。目が見開かれる思いだった─家を出て、国を去る。ハンブルクは素晴らしかった」*7と振り返る。

以上のような実際の体験に基づく感想だけでなく、数え切れないほどのビートルズの伝記作家や年代記作者が、同じようにビートルズの物語においてハンブルク訪問がいかに影響力を持つかを記している。そういった書物の多くには、シンプルに「ハンブルク」と書かれた章や節が含まれ、全て同じ結論─いかにバンドのサウンドと演奏スタイルが劇的に変化したかが力説されている─にたどり着いている*8。ビートルズのキャリアを軽く参考にした小説や、忠実に再現した小説でも、ハンブルクは大きな役割を果たしている。トム・キーズ作『オール・ナイト・スタンド』では、リヴァプール出身の4人編成のバンド、ザ・ラックが、ハンブルクのトップテン・クラブ（The Top Ten Club）で過酷な1シーズンを耐え抜いた後で、世界的な成功を収める物語が描かれている*9。半実話・半フィクション小説『ペイパーバック・ライター』（邦題『えっ？─ビートルズ奇想天外抱腹絶倒物語』）で著者のマーク・シッパーは、スター・クラブ（Star-Club）で演奏していた頃のビートルズを想像しながら書いている*10。さらに、1960年代初頭は、ビートルズの歴史においてドラマチックで極めて重要な期間とし、それに特化した映画も3本ある─『ビートルズの誕生』（1979年、リチャード・マーカンド監督）と『バック・ビート』（1994年、イアン・ソフトリー監督）はハンブルク時代の人々や出来事に明確に焦点を絞り、『ノーウェアボーイ　ひとりぼっちのあいつ』（2009年、サム・テイラー＝ウッド監督）の最後のシーンでは、リヴァプールを発つレノンが「ハンブルクに着いたら電話する」と含みのある言葉を発している。

ビートルズがプロとして成長するためにハンブルクでの体験がいかに貴重であったか、異論を挟む者はいないだろう。だが、ハンブルクが彼らにもたらした変化の原因・背景・影響について、長期間、または詳細に調査が行われたことは、あまり無い。さらにいえば、わずかに分析されているものの多くは、音楽面を論じることに終始し、ビートルズの驚異的なキャリアと前人未踏の成功を説明する手がかりとなる、同じくらいに重要な音楽以外の面は、見過ごす傾向にある。ビートルズの音楽が彼らの偉業の重要な要素であるのは間違いないが、音楽が全てではない。ハンブルクのビートルズ物語を真剣に語ろうとすれば、バンドだけでなくバンドが置かれた環境にも考慮する必要がある。この点において特筆すべきは、音楽以外にも熟慮した解説を行うわずかな文献の多くは、ドイツ人の著者によって書かれたものであることだ。彼らにとってハンブルクという土地は、ただの地理上の場所ではなく、物語に欠かせない重要な要素なのである＊11。

逸話から成る物語で構成された回想録も何冊かあるにはあるが、リヴァプールの一連のバンドが遭遇した、センセーショナルな出来事や災難に焦点を当て、対象となるバンドよりも著者自身について詳しくなるような本が多い＊12。こうしたことから、１９６０年代初頭にビートルズとハンブルクに現実に起こった平凡な出来事をありのままに伝え、両者の周りに積み重なってきた神話や伝説と区別することが大切だ。過去の事象を研究する場合に陥りがちなことだが、人は特定の出来事について、これらがビートルズを新しい方向に向けた決定的に動かぬ瞬間だ、と自信満々に取り上げたくなるものなのだ。だが当時これらの多くは、気まぐれな選択や思いつきに毛の生えた程度のもので、何の気なしに行動に移し、非公式に承諾することになった、ビートルズにとっては日常の出来事に過ぎなかった。バンドの音楽にまつわる出来事には、ジョン・レノンとポール・マッカートニーの作詞作曲コンビが形成される初期段階（ステージのレパートリーを増やす必要にかられてのことだった）、リトル・リチャードやジーン・ヴィンセントを含むアメリカのロックンロールのスターたちとの共演、人によっては「ハンブルク・サウンド」と呼ぶ音楽の台頭、が挙げられる。バンドの編成や人選に影響を与えた出来事には、次のようなものが含まれる―ビートルズ初のハンブルク巡業で未成年のジョージ・ハリスンがドイツから追放されたこと（一時的にバンドの存続が危ぶまれた）、スチュアート・サトクリフがハンブルグ美術大学で絵画を学ぶためにバンド脱退を決めたこと、ハンブルク3度目の滞在の少し後でピート・ベストに代わりリンゴ・スターが加入したこと、長期にわたりコラボレーションをすることになるミュージシャンのビリー・プレストンやクラウス・フォアマンと付き合いが始まったこと。プロとしての重要な歩みには、ビートルズ初のちゃんとしたスタジオでのレコーディング（ハンブルクでベルト・ケンプフェルトがプロデュース）、アラン・ウィリアムズとの関係を断ち切りブライアン・エプスタインをマネージャーとして正式に迎えたこと、パーロフォンとレコーディングの契約を締結、ビートルズがまだドイツ滞在中に初のUKシングル"Love Me Do"がチャートに登場したこと、が含まれる。人間関係や個人における主な変化には、次の出来事が含まれる―独特の見た目・イメージ・髪型を採用したこと（ハンブルクの写真家ユルゲン・フォルマーとアストリット・キルヒヘルの勧めが大きい）、ドラッグ・カルチャーに初めて触れたこと、スチュアート・サトクリフの突然の死。事実と異なる過去を思い浮かべる試み―つまり歴史が違っていたらと想像すること―は常に危険をはらんでいるが、それでもこれらの出来事がハンブルク以外の土地で同じように起こり得た可能性は、限りなくゼロに近い。

若いイギリス人ミュージシャンのグループがドイツに招かれたこと自体、多くの点で驚くべき事実といえる。20年近く前には、ドイツ空軍がマージーサイドの港や工場を定期的に爆撃していたのだ。

王立空軍の反撃でハンブルクは壊滅状態になり、5万人以上の市民が亡くなっていた。ビートルズのメンバーが生まれたのは、第二次世界大戦の最中で、レーパーバーンの辺りにビートルズを見に来た観客のほとんども同様だった。彼らの両親にいたっては、戦争は子供時代の思い出ではなく、深刻な損失と苦難と、はっきり敵と認識する相手に対する闘いを意味していたのである。戦後ドイツが、1945年のヤルタ会談でフランクリン・D・ルーズベルト、ウィンストン・チャーチル、ヨシフ・スターリンの合意の下、アメリカ・イギリス・フランス・ロシアに4分割されて占領されたこと、1949年に国がドイツ民主共和国（東ドイツ）とドイツ連邦共和国（西ドイツ）に分断されたこと、連合軍の大規模な駐留が1950年代を通して続いたこと、1961年8月にベルリンの壁が建設されたことは、ドイツ人に日々敗戦を思い起こさせた。ドイツを敗戦国にした国の人々に、今度は若者を派遣して音楽の娯楽を提供するように依頼するのは、感動的であると同時に皮肉めいていた。ビートルズのハンブルク公演は、簡単に時系列にまとめることができる。詳細は以下の通り。

1960年8月17日〜10月3日　インドラ（Indra Club）
1960年10月4日〜11月30日　カイザーケラー（Kaiserkeller）
1961年4月1日〜7月1日　トップテン
1962年4月13日〜5月31日　スター・クラブ
1962年11月1日〜11月14日　スター・クラブ
1962年12月18日〜12月31日　スター・クラブ

1960年の初巡業の時は、ビートルズは当初インドラにずっと出演する約束だったが、すぐにコシュミダーの判断で彼が所有するより大きなカイザーケラーに移る。そこでは毎晩、ローリー・ストーム・アンド・ザ・ハリケーンズと交代で演奏した。1961年春にハンブルクに戻った際は、ペーター・エックホーンの所有するトップテン・クラブに3ヶ月常駐。1962年、3・4・5回目のハンブルク滞在期間には、マンフレッド・ワイスレダーが新たにオープンしたスター・クラブに出演した。おそらくより重要なのは、その演奏時間だろう。彼らは273夜の間に約800時間ステージに立っている*[13]。回数は1961年2月から1963年8月の間、リヴァプールのキャヴァーン・クラブ（The Cavern Club）で274回演奏したのとほぼ同じだ*[14]。従って不思議なのは、ビートルズの物語で特別な地位を占めるのはいつもキャヴァーンで、同店が世界的に「ビートルズ生誕の地」としての評判を享受し、他の場所よりも真っ先にビートルズのファンが何度も訪れ、ポピュラー音楽にさして興味が無い世界中の人々にもその名が知られる一方で、ビートルズがハンブルクで初めて演奏したのはキャヴァーンでデビューする6ヶ月前であるにも関わらず、ハンブルクのクラブ・シーンについて細かい調査が行われていないことだ。

そういった不均衡が本書で是正されることを願う。ある種のカルチャーが生まれた時と場所は、その形式そのものと同じくらい重要であると認識することから、まずは始めたい。さらに本書では、1960年代初頭のハンブルク滞在がどのような制約、及び好機をもたらしたのかを批評的に評価することに努めたい。それこそがビートルズの音楽的野心を成長させて花開かせ、間違いなく彼らの私生活とキャリアを形作り、そして現在のポピュラー音楽に対する我々の解釈に影響を与え続けているものだ。しかしながらそのような判断を下すには、主な登場人物の伝記にフォーカスするだけでは十分ではない。そのため、続く各章では、ビートルズのメンバー自身の活動のみに焦点を当てるのではなく、彼らが自発的に行ったことと同じくらいに重要な、周りの環境や状況に応じてとった行動を、順次説明していきたいと思う。

その意味で、ハンブルク及びリヴァプールの歴史と、ビートルズがドイツ行きを決めた社会的・個人的背景は、1960年8月に彼らを待ち受けていた環境と同じくらいに重要だ。ドイツで得た新しい友人関係は、公私ともども莫大な影響をもたらすことになる――続く2年間の出来事にだけでなく、その後のビートルズの人生やキャリア形成においてもだ。新しく起こったばかりのハンブルクのクラブ・シーンは、競争が激しく移ろいやすい大釜のようで、その中で成功するには、パフォーマーとソングライターとしてバンドが成長することは、望ましいだけでなく必須であった。忘れてならないのは、ビートルズは単独ではなかったことだ。他のグループの存在は――その多くはビートルズ同様リヴァプール出身だった――活気がありつつも複雑な音楽コミュニティの成長に、大いに貢献した。ハンブルク期のビートルズ物語は、ビートルズ自身の物語であるだけでなく、そのコミュニティ、その時間、その場の物語でもある。

ビートルズ初のハンブルク巡業から、今や50年以上の時が経過した。世間の知るビートルズの物語が、実際に人々が体験したものから、歴史上の出来事に徐々に推移するにつれ、彼らの音楽やキャリアに関しての主張やそれに対する反論、特定の地域を重要視する意見がますます増えている。最近刊行されたある本では、「ビートルズのキャリアで見過ごされているものがある――彼らがアイルランド系であることや、アイルランドとの繋がりだ」と断言している*15。他の本には、「ウェールズとの関係を知れば、ビートルズのキャリアの縮図を素晴らしく把握できる」と記されている*16。まだある――「ビートルズはスコットランドを愛した。証拠は全て揃っている」と証明を試みる本*17。1964年のオーストラリアとニュージーランドのツアーに関するとある解説は、「世紀の最も並外れた社会現象の、失われた手がかりを解き明かす」と銘打っている*18。残念ながらこれらの多くは、恥ずかしげもなく歴史を書き換えようとしているに過ぎない――全く存在しない関係をまるであるかのように扱い、現在の基準で過去の出来事を評価し、特定の解釈を他の解釈よりも優先し、一瞬の出来事や、たまたま居合わせただけの場所が因果関係に影響を与えたかのように扱っているのだ。そういった意味でも、ビートルズがハンブルクで何ヶ月も過ごした事実は、短期間立ち寄ったのではなく、長期に渡る関わりを持っていたことがわかる。イギリスのエンターテイナーにとってヨーロッパは、見知らぬ土地ではなかった。イギリス中からやって来たグループがハンブルクで演奏しただけでなく、他のドイツの都市も海外のミュージシャンを受け入れたのだ。それでも、1960年代初期にハンブルクで起こったことが、当時からは想像もつかないほどポピュラー音楽の軌道を変える要因となったことは間違いない。なぜ、どのようにそれが起きたかを理解するには、2つの質問を投げかける必要がある――なぜハンブルクなのか?　なぜビートルズなのか?

1　ビートルズ前のハンブルク、ハンブルク前のビートルズ

西暦800年前後以降、エルベ川とアルスター川の間で入植が始まる。9世紀には120メートルの長さの木造の桟橋を擁した小さな港を使って、200名ほどの住民が長距離の交易を行った。その取引を守るべく、近くにハンマブルク城砦も建設された。937年にアダルダーク大司教が市場を開設する権利を街に与えたが、これはこの地を海上交易の拠点として認めたことを意味していた。ヴァイキング、ポーランド人、デーン人の襲来を繰り返し受けながらも商業活動は続き、1189年に皇帝フリードリヒ1世が勅許を与えたことにより、エルベ川下流から北海にかけて関税無しで移動することが可能になった。1321年にハンブルクは、北ヨーロッパのバルト海沿岸周辺に位置する多くの都市（リューベック、ヴィスビュー、リガを含む）とともに、ハンザ同盟の名で知られる経済同盟に加わる。同盟の貿易の多くは東部やスカンディナヴィアを相手にしていたが、ハンブルクはその立地により西部や北海への玄関口として発展した。続く100年の間にロンドン、ブリュージュ、アムステルダム、スカンディナヴィア北部に交易所を開設したハンブルクの人口は、8000人から1万6000人に倍増した。

15世紀末にヨーロッパが南北アメリカ大陸を発見すると、ハンブルクの対外貿易—とりわけヨーロッパの大西洋岸の地域との貿易—はさらに活気づく。16世紀の間、ヨーロッパ中の都市からユダヤ人とプロテスタントの難民が、宗教的迫害を逃れて大勢ハンブルクにたどり着き、新たな経済と貿易の繋がりをもたらした。北米との直接貿易は1782年に始まり、1800年までにハンブルクの港は、300隻近い船の母港となった。1806年から1814年にかけては、ナポレオンの命じた大陸封鎖（イギリスとの貿易が禁じられた）が、ハンブルクの発展に一時的であれ深刻なダメージを与える。それでも、19世紀半ばから事業拡大が積極的に行われるようになり、船着き場や倉庫、造船所が増設された。1913年までにハンブルクは100万人以上の住民を抱え、大陸で最も重要な港で、ロンドンとニューヨークに次ぐ世界で3番目に大きな港となり、ドイツ人家族が北米に向かう主な出発地となった。第一次世界大戦におけるドイツの敗戦により貿易量が減少したにも関わらず、大戦の間の年月もハンブルクは、文化と商売上の利点を維持することができたのである。第二次世界大戦中の1943年7月には、爆撃とそれに伴う大火災により、ハンブルクの半分以上、港の80%が破壊された。だが、続く20年間、ハンブルクは大規模な再建計画に取り組む。1950年代半ばまでに、港の再建設だけでも1億ポンドを投じたことにより、貿易を戦前の状態まで回復することができた。1960年までにハンブルクの景気はほぼ回復し、周辺も含めると人口200万人の、ドイツで2番目に大きい都市となっていた。

ハンブルクの戦後の復興において、特に重要な意味を持つものがある。現代の都市が与える無数の機能の中で、人々の関心を集める4つの主な機能は、住居・雇用・交通・娯楽だ。1960年代初期、ハンブルクは娯楽の街として広く知られていた。娯楽といってもある特定の種類—セックス産業を中心とした娯楽だ。めぼしい風俗街のある他のヨーロッパの都市（ロンドンのソーホー、アムステルダムのデ・ワレン、パリのピガール、マルセイユの旧市街地パニエ、バルセロナのランブラス）同様、ハンブルクにはストリップ劇場、売春宿、ナイトクラブ、ポルノ・ショップ、バー、映画館の並ぶコンパクトだが活気のある、魅惑的な地区があり、通りすがりの人々に、よそでは手に入らないような喜びを与えていた*1。寄港した船の乗組員が18世紀からよく訪れていたザンクト・パウリ地区は、戦後の再建により元の雰囲気が保たれていた。賑わいのほとんどは、レーパーバーン（エルベ川に並行して東西に500メートルほど続くメインの通り）沿いと、その周辺の道─なかでも悪名高きは、クラブが密集するグローセ・フライハイト通りと、飾り窓に公然と立つ娼婦を女性や子供に見せないよう、道の端と端に門を

廃墟となったハンブルク。ハンブルクの住宅街を空から映した写真が、1943～44年の連合軍による爆撃の被害の大きさを、余すことなく伝えている

設置したヘルベルト通り―にみられた。

人々がザンクト・パウリに引き寄せられた主な理由の1つに、音楽がある。ハンブルクはイギリス占領区内に位置しており、アメリカ軍がアメリカ占領区の街にもたらしたほどのロックンロールに対する需要は見込めなかったが、トラッド・ジャズの中心地ではあった。ハンブルクにあるハンブルク大学、ハンブルク美術大学、ハンブルク音楽演劇大学に多数存在した学生グループは、トラッド・ジャズに熱狂していた。イギリスの大学生にとって初めて家を出ることは、教育上大切な経験の1つであったのに対し、ドイツの学生のほとんどは自宅に残り、地元の大学に進学した。加えて、既に人種のるつぼだったハンブルクに、文化背景のかけ離れた雑多な集団が次々と流入したことも重なった。

「住民の多くは、ドイツ東部から避難民として街にやって来た。追われた人々にとってハンブルクは、最後に逃げ込む場所だったのだ。戦時捕虜だった者や強制労働者といった、母国に戻れない人々もいた…元連合軍兵士は様々な理由から街に留まっていたが、多くの場合、ハンブルクで所帯を持ったことがその理由だった…父親は行方不明か殺されるかしていて、母親だけの一人親家庭も多かった」*2

これら全てのグループ―永住者・一時的な滞在者・通りすがっただけの人々―を惹き付けるようなエンターテインメントを探すことは、プロモーターにとって差し迫った課題であった。彼らは、アメリカが先導する「ティーンエイジャー革命」の与える衝撃と、1950年代における若者市場の成長を十二分に察知しており、エルヴィス・プレスリーがアメリカ陸軍の下士官として1958年10月から1960年3月までドイツに滞在し、大々的に報道されたことで、市場にさらなる関心を寄せていた。

そのようなプロモーターの1人が、ブルーノ・コシュミダーだ。彼はポーランドとドイツの紛争の種だったダンツィヒ（グダニスク）に1926年に生まれ、以前はサーカスの芸人をしていた。1950年にストリップ劇場インドラ（グローセ・フライハイト64番地）を開いたコシュミダーは、そこで演奏するイギリス人パフォーマーを探しに、1960年4月にイギリスに赴く。彼の目標は、「ブリティッシュ・ロックンロール生誕の地」として広く知られるロンドンのトゥーアイズ・コーヒー・バーの成功を、ハンブルクで再現することだった。トゥーアイズのオーナーであるオーストラリア人のポール・リンカーンとレイ・ハンターは、1956年に店を開き、ほどなくして地下の部屋でスキッフルやロックンロールの演者を売り出すようになった。ソーホーのオールド・コンプトン・ストリートに位置するトゥーアイズは、トミー・スティール、クリフ・リチャード、マーティー・ワイルド、テリー・ディーンを含む、イギリスのトップ・シンガーを輩出していた。最初の渡英でコシュミダーは、トニー・シェリダンがリード・シンガーを務める急ごしらえのバンド、ジェッツ（The Jets）をブッキングし、1959年10月に自身が開店したカイザーケラー（グローセ・フライハイト36番地）で演奏させた。ジェッツが若い観客を呼び寄せるのに成功すると、今度は同じ試みをリヴァプールのデリー・アンド・ザ・シニアズで行う。彼の主なライバルは、元船員の若いペーター・エックホーンだ。ザンクト・パウリ地区のレストラン経営者である父親のヘルベルトから資金援助を受け、エックホーンは老朽化した店舗ヒッポドロームをトップテン・クラブ（レーパーバーン136番地）に改装し、

1960年11月にロックンロールの店としてオープンした。1962年になると、コシュミダーとエックホーンの新たな競争相手となる、ビジネスマンのマンフレッド・ワイスレダーが登場する。1928年にドルトムントで生まれたワイスレダーは、電気技師の仕事を求めてハンブルクにやって来たが、1950年代の終わりからエロチック・ナイト・クラブ（ザンクト・パウリ地区にあるタブ・クラブの最上階にあった）を経営し、自分で撮ったヌードの映像を上映していた。彼はレーパーバーン最高のダンスホールを開こうと、1962年の初めにシュテルン・シネマ店（時によってバーやレストラン、調理場が併設されていた）を借り、スター・クラブ（グローセ・フライハイト39番地）として、1962年4月にオープンさせる。

特筆すべきは、コシュミダー、エックホーン、ワイスレダーのうち誰1人として、音楽に興味が無かったことだ。起業家の彼らにとって音楽は、利益の出る可能性を持つ商品として売り買いするもの、または自分の店に客を集め、他の商品―主に酒類―を購入してもらう呼び水となるものに過ぎなかった。その上、目標や野心がしばしばぶつかり合うライバルだった3人の間には、敵意や不信感が生まれていた。エックホーンは、彼を知る人々から概ね次のように評価されていた―「公平な雇い主で、好調な晩にはボーナスが期待できる」*3。ピート・ベストは彼を「愛想のいい奴」と記憶している*4。その一方で、エックホーンの商売敵2人に対する近年の評価はといえば、彼らの闘志満々でけんかっ早く、魅力的とは言い難い面が、以下のように強調されている。

「ワイスレダーは、自分のパンからバターを盗むのを誰であれ許さない。スタッフがヘマすれば容赦せず、目当てのものがあれば遠慮なく飛びかかった…背が高くて力強く、時に激高するこの男は、醜いドイツ人の典型だった」*5

「コシュミダー自身、節のある硬材でできた古いドイツ製の椅子の脚で武装して歩き回っていた…騒ぎを起こした客をただ追い出すだけでなく、カイザーケラーのウェイターがボスのオフィスにそんな輩を運び込むと、何時間も痛めつけることもあった。餌食となった者が身動きできずにお手上げ状態になると、コシュミダーはアンティークの椅子の脚を使い仕上げをするのであった」*6

ポピュラー音楽にほとんど、どころか全く貢献してこなかったドイツの都市に住み、世界で最も悪名高き風俗街の中心で働いていた3人の男は、ビートルズから始まるロックンロール革命の幕開けを見守るにふさわしい人物とはいえないだろう。

ビートルズの物語は何度も何度も語り継がれてきたため、思いのほか語りやすい。だがそれは、リヴァプール自体の物語とも絡み合ってできているのだ。イギリスの主要な港の1つで生まれた「戦時っ子」であるビートルズは、今日の基準からすればショッキングなまでの家族の大変動や社会的混乱に見舞われたが、あの世代の多数の子供にとってそれは、日常の光景だった。10代の頃のビートルズは、1950年代にイギリスの多くの町や都市が通らざるを得なかった物理的変化や人口構成の変化を身をもって体験したわけだが、ほとんどの地区、とりわけマージーサイドのような工業都市圏はそうしたことを回避できなかった。

1207年にジョン王から勅許を受けたリヴァプールは、長らくアイルランドへの主要な海の玄関口であった。それが18世紀になると、北西沿岸部に位置したため、大西洋を挟んだアメリカとの交易で有用性を増し、奴隷貿易において中心的な役割を果たすようになる。リヴァプールに最初に富がもたらされた基盤には、そうした歴史的背景があった。次のような三角ルートが誕生したのだ。リヴァプールからアフリカの西海岸へ行くと、アフリカの西海岸からは、奴隷として売られる何万人ものアフリカ人が、大西洋を渡って西インド諸島へ運ばれる。西インド諸島からは、砂糖・タバコ・綿を積んだ船が、リヴァプールに帰港した。イギリスで1807年に奴隷制度が廃止されると、リヴァプールは綿だけに関心を向けるようになる。アメリカから綿花を乗せた船が到着する港となり、綿花はランカシャーで紡がれて布になった。これが19世紀まで続き、リヴァプールの第2の黄金期に繋がった。しかし、20世紀半ばに綿の取引が衰退し始めると、第二次世界大戦の爆撃で膨大な被害を受けたリヴァプールは、富と繁栄の象徴ではなく、都市部の腐敗と粗雑に設計・開発された公営住宅、貧困や社会問題の象徴となる。リヴァプールに新たな産業—とりわけ自動車の製造業—が導入されもしたが、1960年代初頭までには、国で最も高い失業率を記録し、70万人前後の人口は、1900年からほとんど増加しなかった*7。

リヴァプールには他にも3つの特徴があった。一見無関係に思えるものだが、実際は戦後リヴァプールの文化の手がかりとなるものである。1つには、イギリスの都市のなかで、人口1人あたりのパブやバーの数が最も多いことで有名だった。2つめは、数十年に渡り、国内トップのエンターテイナーを数多く輩出してきたことだ。トミー・ハンドリー、アーサー・アスキー、テッド・レイ、ケン・ドッド、ノーマン・ヴォーンは、イギリスの外では有名ではないかもしれないが、全員ミュージック・ホールやラジオ、テレビに出演し、国内では最も有名なコメディアンだった。1950年代末から1960年代初頭にかけて成功を収めたポップ・スターの何人かもまた、リヴァプール出身だった。マイケル・ホリデイ、フランキー・ヴォーン、ビリー・フューリー等だ。3つめは、当時も今もリヴァプールは、イギリス最高の人気を誇る2大サッカー・チーム、リヴァプールFCとエヴァートンFCの本拠地であることだ。これらの要因が合わさり、リヴァプールはタフで活気があり、独自のポピュラー・エンターテインメントを形成していると言われている。

「リヴァプールは、海港の役割を担うことで『外に開かれた目』を持つようになり、イギリスの他の地域と一歩距離を置いた、どこか異質な存在だと自らを捉えるようになった。そういった特性は、ニューオーリンズに共通するものである…ニューオーリンズにもまた、似たような経済・社会・文化背景があり、音楽においてもリヴァプール同様に強い独自性がある。社会的格差や対立により分断されている都市であると同時に、故郷愛や結束の強さ、連帯感のイメージの強い場所でもある…反骨精神に溢れ、注目を浴びることが成功につながるロック・ミュージックの世界には、まさにぴったりの特性といえる」*8

さらに、ロンドンから距離があったことで（高速道路ができる前のイギリスにおいては、首都まで列車で数時間かかった）、リヴァプールは独特な地方色を発展させ、維持していた。多くの人にとってそれは、鼻声で母音をのばしてゆっくりしゃべる、「スカウス」と呼ばれる強い訛りに象徴されるものだった。このような環境下で、ジョン・レノン、ポール・マッカートニー、ジョージ・ハリスン、スチュアート・サトクリフ、ピート・ベスト、そしてリンゴ・スターは、子供から青年期、若い大人へと成長したのである。

ジョン・レノンは、1940年10月、ドイツ空軍による爆撃の最中、リヴァプールのオックスフォード・ストリート産院で生まれた。彼の両親、ジュリア・スタンリーとアルフレッド・レノンは、1938年に結婚。商船の乗組員だったアルフレッドにとって、妻との時間は限られていたが、1939年に戦争が勃発すると、より一緒に過ごす時間が少なくなっていった。事実上2人は別居状態で、ジュリアはタフィー・ウィリアムズという名のウェールズ人の兵士と不倫した後、1945年6月に娘のヴィクトリアを生んだ。ヴィクトリアはノルウェー人夫婦の養子にもらわれ、イングリッドと改名された。ジュリアは1946年に、別の男性ボビー・ダイキンズと公営住宅で家庭を築く。ジュリアとアルフレッドは自分たちの関係が終わったことに気づいていたが、ジョンの行く末について合意できないでいた。この時点で、ジュリアの姉ミミとその夫ジョージ・スミスが、ミドルクラスの住む郊外ウールトンにある、メンローヴ・アヴェニューの自分たちの家にジョンを住まわせるよう提案し、アルフレッドはジョンの人生から消えた。彼が再びジョンの前に現れたのは、ビートルマニアがイギリスを席巻した1963年になってやっとであった。ジュリアはリヴァプールに留まったが、ジョンとの交流は断続的であった。ジュリアとダイキンズは2人の娘、1947年に生まれたジュリアと、1949年に生まれたジャクリーンをもうける。1955年6月には、ジョージ・スミスが倒れ、亡くなった。ジョンが、スコットランドの親戚のところに休暇に訪れていた時のことだった。ジュリアは1958年7月に、非番の警官が運転する車にメンローヴ・アヴェニューでひかれて事故死してしまう。

ダヴデイル・ロード小学校とクオリー・バンク高校でレノンは、賢いが日増しに手が付けられなくなる問題児とみられていた。1957年7月、彼はクオリー・バンクを退校し、Oレベル試験（訳

注：中等教育終了時に受験する「普通」レベルの全国共通試験）で1科目も合格していないにも関わらず、リヴァプール・カレッジ・オブ・アートに入学を許可される。学業不振の主な理由は、1956年にロックンロール（最初はエルヴィス・プレスリーの曲を通してだった）とスキッフル（フォーク・ジャズ・ブルースを混ぜたイギリスだけにみられた音楽で、代表的な演者はロニー・ドネガン）を発見したからだ。「それ以降、自分にとって全てが変わった」と後にジョンは説明している＊9。彼は他の何万人もの若者同様、これら新たな音楽の形態が、1950年代のイギリスが与える退屈で質素な暮らしの代わりとなり得る、刺激的なものに思い、最初のバンドを結成するに至ったのだ。学校名からクオリー・メン（The Quarry Men）と名付けられたバンドのオリジナル・メンバーは、レノン（ギター）、エリック・グリフィス（ギター）、ロッド・デイヴィス（バンジョー）、ピート・ショットン（洗濯板）、コリン・ハントン（ドラム）、レン・ギャリー（茶箱ベース）の6人だった。バンドは数ヶ月間、お互いの家で練習し、地元の様々な会場―青少年クラブ、アマチュア・コンテスト、地域の催し、社交クラブのダンス・パーティー―で演奏した＊10。1957年7月6日、ウールトンのセント・ピーターズ教会主催の、年に1度の慈善目的のお祭りにクオリー・メンが出演した際のことだ。レノンの学友アイヴァン・ヴォーンが、バンドに紹介しようと、近くのアラートンに住む友人を連れてくる。この人物こそ、ポール・マッカートニーだった。

ポール・マッカートニーは、ジム・マッカートニーとメアリー・モーヒンの長男として生まれた。夫婦が結婚したのは1941年4月で、1942年6月にポールが生まれ、1944年1月に弟マイケルが生まれた。一家はマージーサイド周辺の様々なエリア（アンフィールド、ウォラシー、ノーズリー、スピークを含む）に住んだ後、1955年にアラートンのメザー・アヴェニューに新しく建設された公営住宅の一部で、フォースリン・ロードに建つ家に引っ越す。レノン同様に彼もイレブン・プラス試験（訳注：11歳で受験する選抜試験）を通ってリヴァプール・インスティテュート・ハイスクール・フォー・ボーイズ（以下、リヴァプール・インスティテュート）に入学する。この男子校は、1953年当時はリヴァプール一の名門グラマー・スクールだった。メアリーは癌と診断されてから間もなく、1956年10月に亡くなった。10代のポールにジムは、ショウ・チューンや自身の若い頃のブラスバンド・ミュージック（1920年代と30年代に、彼はジム・マックスズ・ジャズ・バンドを率いていた）を教えたが、息子の関心を捉えたのはロックンロールとスキッフルで、ポールはほどなくしてギターを独学で弾くようになる。ポールは5科目でOレベル試験に合格したため、リヴァプール・インスティテュートのシックス・フォーム（訳注：大学進学を目指す者のための課程）に進み、教師になる教育を受けてほしいという父親の希望をかなえるため、英語とアートの科目でAレベル（訳注：大学入学資格となる「上級レベル」）のコースを取った。ところが、レノンと出会ってから数日もしないうちにクオリー・メン加入の誘いを受け、あっという間に音楽への野心が学業で抱いていた大志を上回ってしまった*11。そして19世紀のフラヌールのように、正規の教育に対する興味を失い、都市を構成する特色や文化を独自に探索することに熱意を注ぐようになった*12。

ポール・マッカートニー「よくバスでピア・ヘッドまで行って、1人でフェリーに乗った。たいてい詩集か戯曲の本や、何か読み物を持って。帰りもフェリーに乗って、そのあと家までバスだった。自分のことをちょっとした詩人のように思っていた。人を観察して、ベンチに座って目にしたものを少し書き留める。自分のことを芸術家のように本気で思っていたんだ」*13

ジョージ・ハリスンは1943年2月、労働者階級の人々が住むウェイバーツリーにある、寝室2部屋の小さなテラスハウスで生まれた。彼は1930年に結婚したハリー・ハリスンとルイーズ・フレンチ夫妻の、4番目の子供だった（上にルイーズ、ハロルド、ピーターがいた）。1948年にジョージはダヴデイル・ロード小学校に入学した。学年はレノンの3年下。翌年一家はスピークに引っ越し、1954年にジョージがイレブン・プラス試験に合格して、リヴァプール・インスティテュートに入学。学校の行き帰りに、マッカートニーとバスで乗り合わせることも多くなった。1957年にジョージは、短期間だがスキッフルのバンド、レベルズ（The Rebels）を、兄ピートと、学友のアーサー・ケリーと共に結成した。1958年初頭、15歳のジョージは、マッカートニーにクオリーメンを紹介され、リード・ギタリストに迎え入れられる。だが、その年の終わりには、病気や学校からの重圧、失望や口論などが重なり、事実上バンドは、レノン、マッカートニー、ハリスンの3人のメンバーでたまに活動する程度になった。しばらくの間、ジョージは別の地元バンド、レ・スチュアート・カルテット（Les Stewart Quartet）のメンバーでもあった。1959年に何の資格ももたない状態で学校を退校したジョージは、オーストラリアやマルタ、カナダへの移住も考えたが、リヴァプールで電気技師見習いの職を得る。時や場所の偶然の一致が重なり、人生の大部分が決まっていったことを、後に振り返りジョージはこう言っている――「宇宙全体を考え、他にも惑星があることを思うと…あの時、あの家、あの家族に生まれたことが、本当に不思議でならない」*14。

スチュアート・サトクリフがジョン・レノンに出会ったのは、リヴァプール・カレッジ・オブ・アートだ。親友になった2人はしばらくの間、リヴァプールの学生街の中心、ガンビア・テラス通りにあるフラットをシェアするようになる。スチュアートの両親、チャールズ・サトクリフ（前妻との間に4人の子供がいた）とミリー・クローニンはスコットランド人で、1943年にリヴァプール郊外のハイトンに移り住んでいた。チャールズが戦時下体制の基幹労働者としてマージーサイドに転勤になり、バーケンヘッドのキャメル・レアード造船所で働くようになったからだ。スチュアートはエジンバラで1940年6月に生まれた。彼の2人の妹、ジョイスとポーリーンはそれぞれ、1942年と1944年に生まれた。戦後、商船隊に加入したチャーリーは、何ヶ月もミリーと子供たちに会えないことが多くなり、「戦争が終わると、ミリーは実質的にシングル・マザーになりました」*15。スチュアートは、ハイトンのパーク・ビュー小学校に通った後、プレスコット・グラマー・スクールに進み、5科目でOレベルに合格して1956年に退校し、リヴァプール・カレッジ・オブ・アートに入学を許可される。スチュアートと徐々に友情を深めたレノンは、クオリーメン（バンド名は今やジョニー・アンド・ザ・ムーンドッグス［Johnny and the Moondogs］になり、間もなくシルバー・ビートルズに変わることになる）に加わるよう彼を説得した。スチュアートが最初にバンドと共に人前で演奏したのは、1960年春のことだった。

ピート・ベストは、1941年11月にマドラスで生まれる。彼の父ジョン・ベストは、陸軍の身体トレーニングの教官としてリヴァプールからインドへ派遣されており、母モナ・ショーは、当地で赤十字の看護師として働いていた。ピートの弟ローリーは、1944年に生まれた。終戦間近に一家はリヴァプールに戻り、ウェスト・ダービー地区に落ち着く。両親の夫婦関係は1950年代の初頭には事実上破綻したが、2人が離婚することはなかった。ブラックムーア・パーク小学校に通ったピートは、イレブン・プラス試験に合格した後、リヴァプール・カレッジエイト・インスティテューションに入学。ロックンロールが大好きで、ドラマーになる野心を募らせていた息子のためにモナは、巨大なヴィクトリア朝様式の自宅の地下を、カジュアルなコーヒー・バー&クラブに改装することを許す。カスバ・コーヒー・クラブ（Casbah Coffee Club）は１９５９年８月にオープンし、ピートのバンド、ブラックジャックス（The Blackjacks）は、地元の若者を前に定期的に演奏した。クオリーメンもまた、１９５９年の1年間と60年は固定のドラマー不在だったにも関わらず、ジョニー・ハッチンソン、トミー・ムーア、ノーマン・チャップマン等を一時的に雇いながら、しばらくの間出演し続けた。１９６０年８月に最初のハンブルク巡業のオファーを受けると、マッカートニーはピートをビートルズの正式なメンバーにならないかと誘う。簡単なオーディションを経て加入したピートは、１９６２年8月にリンゴ・スターに取って代わられるまでビートルズに在籍した。ピートの解雇は、モナが３男のヴィンセント（ローグの名で知られる）を出産したほんの数週間後のことであり――彼の父親は、ビートルズのローディでありピートの親友でもある、19歳のニール・アスピノール――ビートルズの最初のシングル“Love Me Do”が発売される数週間前であった*16。

リンゴ・スター（本名リチャード・スターキー）は、貧困街として悪名高いリヴァプールのディングル地区に１９４０年7月に生まれた。彼はエルシー・グリーヴとリチャード・スターキーの間に生まれた、ただ1人の子供だ。夫婦は１９３６年に結婚、１９４３年に離婚した。離婚後リンゴが父親と接することはほとんど無く、エルシーは１９５３年にペンキ職人・内装工のハリー・グレイヴスと再婚する。リンゴはセント・シラズ小学校に入学するも6歳で腹膜炎を発症し、1年以上マートル・ストリート小児病院での入院を余儀なくされ、入院中に2度手術をした。退院してからの学業成績は最悪だったため、イレブン・プラス試験を受けさせてもらえないまま、ディングル・ヴェール・セカンダリー・モダン・スクールに入学した。13歳で胸膜炎を患い、再び2年間入院。1955年に学校生活を終えたリンゴは、メッセンジャーボーイ、バーテンダー、建具工といった様々な職業を転々とした後、地元の音楽シーンに引き寄せられる。エディ・クレイトン・スキッフル・グループ（The Eddie Clayton Skiffle Group）でドラムを叩いてから、1959年にフルタイムの仕事を辞めてリンゴが加入したローリー・ストーム・アンド・ザ・ハリケーンズは、あっという間にリヴァプールを代表するライヴ・バンドになる。バトリンズ・プールヘリ・ホリデー・キャンプ（訳注：ウェールズのプールヘリにあるバトリン社運営の休暇村）で夏の間中演奏し、1960年5月には、ロックンロールのバンドでは初めてキャヴァーン・クラブに出演している。ビートルズがキャヴァーンに初出演する9ヶ月前のことだ。1960年10月には初のハンブルク巡業を行い、ビートルズと共にカイザーケラーのお抱えバンドになった。

ビートルズのつかの間の青年期─家庭は崩壊し、親は不在で、教育に対する不信感もあった─は特別変わったものではなく、不安定な過渡期にある、荒々しいリヴァプールの日常を反映していた。「当時のリヴァプールには…他のほとんどのイギリスの都市には無い、豊かな人種構成がみられた。膨大な数のアイルランド人が住み、ジャマイカ人、インド人、中国人、スラブ人、ユダヤ人のコミュニティも相当数あり、ロンドンにはなく、ニューヨークにはあるような、文化と人種のるつぼが存在した」＊17。実際リヴァプールには、19世紀から存在するイギリス最古の中華街の1つがある（他はカーディフとロンドン）。現代的で民主的な都市の証として今や多くのヨーロッパの都市が望ましく思う、異文化共存が早い段階で形成されていた訳だ。「錬金術とさえもいえるような特別な化学反応が起こり、異なる階級や民族が隣り合わせに暮らすことを覚え、それぞれ独自のアイデンティティにより、コスモポリタンな文化を共に作り上げていた」*[18]。

以上のことから、ハンブルク巡業の打診があった際に、他の地域の若いミュージシャンに比べれば、ビートルズが不安を感じることは少なかったはずだ。これまで多くの人が論じてきたように、2つの都市には—少なくとも表層的なレベルでは—顕著な共通点があった。

「ハンブルクはドイツのリヴァプールだ。両者の共通点は次の通り。北部の大きな港町であること。住人は荒っぽくタフだが、優しく感傷的な内面を持ち合わせている。気候は雨が多く、風も強い。似たような鼻声の訛りは、おのおの国内では目立つ方だ。緯度さえも同じ、北緯53度だ」*[19]

ビートルズがハンブルク行きに積極的になったのには、3つの要因が重なったことが背景にある。第一に、バンド内の共通認識として、なんとなくキャリアの行き詰まりを感じていたことがある。レノンとマッカートニーが出会ってから3年が経過しており、ビートルズは地元ではやや知られた存在になっていたが、他所では無名だった。1959年の秋には、キャロル・リーヴァイスの番組『TVスター・サーチ』の地元予選を通過できず、1960年5月には、ビリー・フューリーのバック・バンド候補になり損なっていた(サトクリフのベースが下手だったことが最大の原因だ)。カスバと、アラン・ウィリアムズのジャカランダ・クラブ(Jacaranda Club)に不定期に出演する以外で、唯一成功といえるのは、リヴァプールのシンガー、ジョニー・ジェントルの一時的なバック・バンドとして、スコットランド北部に9日間のツアーに出かけた時のみだ*[20]。第二に、コシュミダーとの契約で、一時的であれ1日30マルク、1週間で210マルク(17・50ポンド相当)が各メンバーに支払われ、定期収入が約束されたことだ。それはイギリスの1週間当たりの平均賃金14・10ポンドに比べればいい方だった。第三に──ビートルズにすれば最も大事な点だが──それは、冒険の始まりにみえた。学業に差し障ることなどを理由に反対する親を説得してしまえば、後はロックンロールが約束する、自由と反抗と予測不能な夢の世界に飛びつくだけだった。イギリスでは1959年10月に3期連続で再選を果たした貴族階級中心の保守党政権が9年目に突入しており、「皆さんはこれまでないほど良い思いをしています」と、大衆（大半は政権に敬意を払っていた）に向かい声高に宣言していた。失業率は3％以下、年間のインフレ率は1％だった。多くの人は、15年間の倹約生活のご褒美に、安定と調和がもたらされたとみていた一方で、創造と革新が犠牲になったと考える人も相当数いた。1950年代のイギリスに充満していたムードを、文化評論家は「とてつもない自己満足の状態」と呼んだ＊21。50年代の終わりになると、多くの若者の間で「無関心や自己満足に対する憤りと、自分の周りで理想主義が破綻したことに対する怒り」が強くなっていると指摘する者もいた＊22。ポピュラー音楽の世界でも、新しいタイプの音楽は限られていた。UKシングル・チャートでは、エルヴィス・プレスリーとクリフ・リチャードのセールス争いが続く横で、様々な演者がランクインしていたが、アルバム・チャートには、1958年11月から1961年1月の間の100週以上、『南太平洋』のサントラが首位を独占し、『マイ・フェア・レディ』とジョージ・ミッチェル・ミンストレルの『ブラック・アンド・ホワイト・ミンストレル・ショウ』のサントラがそれに迫るくらいだった。

だが世界中の多くの人々にとって1960年は、重大な変化と新しい風向きが訪れる期間の前兆となる。その年の最初の数ヶ月の間に、アメリカではジョン・F・ケネディ上院議員がヒューバート・H・ハンフリー上院議員に勝ち、11月の選挙における民主党の大統領候補になった。イギリスの首相ハロルド・マクミランは、ケープタウンで「この大陸に変化の風が吹く」と警告した。女王の妹プリンセス・マーガレットは、職業写真家と結婚し、何世紀にも渡る王室の伝統を破った。シャープビルでは、南アフリカの警察に56人の市民が殺された。ソ連がアメリカのU－2偵察機を撃墜し、パイロットのゲーリー・パワーズを捕まえた。ナチス戦犯のアドルフ・アイヒマンが、アルゼンチンでイスラエル諜報員に捕まり、エルサレムで裁判にかけられた。以上のような極めて重要な事件に比べれば、ビートルズがドイツ巡業に向けた期待感なぞは大海に落とされた、取るに足らない1滴かもしれない。さらにいえば、彼らのドイツ行きを喜ぶ者は少なかった。カイザーケラーで何週間も毎晩演奏していたデリー・アンド・ザ・シニアズは、誰がハンブルクで彼らの仲間に加わるか告げられると、ウィリアムズに考え直すように懇願した。「ビートルズのような、しょうもないグループ」が来れば、ハンブルクのシーンが皆にとって台無しになると、熱心に主張したのであった*23。

2 セックス&ドラッグ&ロックンロール

1960年代のイギリスの若者のほとんどは、ヨーロッパ大陸（当時はよく「大陸」と呼ばれていた）を、節操のない外国人が住み、とても食べられないような食事や理解できない言語、異邦人の慣習が存在する、遠くてよく分からない地域と思っていた。格安航空券やパックツアーはまだ普及しておらず、両親や祖父母が2つの世界大戦で外国に行き、戦った世代にとって欧州諸国（とりわけドイツ）は、観光や仕事で雇われて行くような場所ではなかった。こういった漠然とした不信感の一方で―原因の大部分は1950年代のフランス、イタリア、スウェーデンの映画にあるのだが―ヨーロッパが、性的自由と大胆なファッションと刺激的なビーチ・リゾートと、美しくグラマラスな女性のいる地域であるといった、思い込みからくる羨望もあった*1。

ビートルズと彼らの家族もまた、以上のような複雑な先入観を抱いており、ハンブルクにバンドが行くことになった知らせを聞くと、みな不安と好奇心の入り混じった反応をした。ジョン・レノンの伯母ミミは、知らせに戸惑ったが、最終的には実際的な理由から折れた。「最悪の事態まで想像しましたが、当然のことながらその頃にジョンは大きくなっていて、もう子供ではなかったのですから」＊[2]。大学か教員養成学校に行くことをポールに望んでいたジム・マッカートニーであったが、結局、金銭面で言い負かされてしまった。「私の1週間の稼ぎと同じくらいの金額を提示されていました。それでどうやって彼に行くなと言えるでしょう?」＊[3]。スチュアート・サトクリフは、自分がミュージシャンとはいえないことを素直に認めていたが、非常に優れた画家であると評価されていた。そんな彼の周りの人々には、「ハンブルク行きを決めたことは、狂気に近いと思われていた…彼の指導者アーサー・バラードは、バラ色の未来をゴミ箱に捨てるようなものだと考え、驚愕した」＊[4]。計画に全面的に賛成したのは、ジョージ・ハリスンとピート・ベストの両親だけだった。ハリスンの場合は、彼に適したものが他にほとんど無いと、両親が認めていたことが背景にある可能性が高い。ハリスンが学校を退校した際の成績表には、「彼の学業については評価できません。何も勉強していないからです」と校長のコメントが記載されていた＊[5]。ベストの家族の場合は、「気骨のある女性で、息子の利益になることなら、どんなこともいとわない」モナにとって、ピートを甘やかすまたとないチャンスだった—自分のコーヒー・バーが欲しいと言われ、作ってあげた時と同じように＊[6]。

リヴァプールを出発した後、ビートルズ一行はロンドンに行き、コシュミダーに雇われていて、ソーホーのヘヴン・アンド・ヘル・コーヒー・バーで働くジョージ・スターナーと落ち合う。そこからハリッジに車で行き、フェリーに一晩揺られてホーク・ファン・ホランドにたどり着く。1944年9月にライン川にかかる橋を確保する際に亡くなった連合軍の兵士を讃える記念碑を訪れることを希望したウィリアムズのためにアーネムに少し立ち寄った後で、8月16日の夜にハンブルクに到着した時は、リヴァプールを発ってから36時間近くが経っていた＊[7]。若者らしく話を膨らませた可能性を考慮しても、レーパーバーンと、それがグローセ・フライハイトと交わる近辺に対するビートルズの第一印象は、驚くほど鮮やかだ*8。

ピート・ベスト「レーパーバーンに着いた僕らは、あまりに感動して口をあんぐり開けるしかなかった。ネオンとセックスのジャングルだ！　扉は1個おきに全て、女の子たちが服を脱ぐ部屋に通じるように見えた…『ガールズ、ガールズ、ガールズ！』と看板に書かれたギラギラした店の前の広い道路を、客引きが行ったり来たりするのを見守った。彼らは通行人のシャツや上着の襟をつかんで、引きずるも同然に店の中に消えていった」*9

アラン・ウィリアムズ「我々はグローセ・フライハイトに車をとめた。ストリップ劇場の灯りがつき始め、娼婦がひいき客を探して、毎夜の行進を始めたところだった。通りには、人間社会の全ての貧しいクズが群がっていた。麻薬常用者、ポン引き、ストリップ劇場やぼったくりバーの客引き、ギャング、ミュージシャン、女装家、普通の格好をしたホモ、エロじじい、スケベな若い男、女を求める女」*10

カイザーケラーを見つけて初めてコシュミダーに会うと、ビートルズの興奮は最高潮に達する。そのクラブは開店からまだ数ヶ月で、規模（収容人数３００）、海をテーマにした内装、新式のサウンド・システムは、ビートルズがマージーサイドで演奏していた会場に比べれば、段違いに立派だった。だが、彼らの幸運は長くは続かなかった。第一に、ビートルズが出演するのはカイザーケラーではなく、比べものにならないほど見劣りするストリップ劇場のインドラ（同じ狭い通りにあるコシュミダーの最初の店だ）であることが知らされた。「狭く、みすぼらしい地下の店には、小さすぎて身動きが取れないような舞台があった」と描写されるその店にビートルズが見学に連れて行かれた最初の晩は、客が2人しかいなかった＊11。第二に、ビートルズの宿泊所は予想に反しホテルや下宿屋ではなく、映画館だった。それはコシュミダーの経営するバンビ・キーノ（Bambi Kino、パウル・ローゼン・シュトラーセ33番地）後手の小さい庭を見下ろす、極小の薄暗い2部屋だった。ビートルズは軍放出の2段ベッドで眠り、洗面は男子トイレを使った。第三に、契約条件により、今まで全く経験したことがないくらいの時間、ステージに立つことを余儀なくされた。月曜日から金曜日までは毎晩4時間半（途中30分休憩3回）、土日は6時間（30分休憩4回）だ。さらに彼らは、翌日の晩から出演するよう告げられる。

8月17日（水）の初出演は、大成功とはいえないものだった。ドイツ人客を感心させようと、ビートルズは彼らの考える正しいテディ・ボーイのスタイル―藤色をしたベルベットのジャケット、黒いシャツと黒のタイト・ジーンズの出で立ちでステージに登場したが、店の音響空間は「積み重なった寝具の下で演奏しているよう」だった＊12。加えて、不慣れな環境やサトクリフの演奏のまずさ、ベストがバンドの演奏曲を熟知していないことが重なり、硬く退屈なパフォーマンスにならざるを得なかった。

「ビートルズは、騙されてクラブに連れてこられた客と同じくらい硬くなっていた。それまで店一杯のティーンエイジャーに向かい数曲だけ演奏してきた彼らは、好みがうるさい客の扱いを知らなかったのだ。ビートルズには売りになるものが無く、ステージ上の自己演出は知らないに等しく、

ミュージシャンとしても特別な魅力があるとはいえなかった」＊13

満足のいく盛り上がりと十分な客の数をビートルズがもたらし、インドラがライヴ会場として評価されることを期待していたコシュミダーは、数日もすると怒り狂うようになる。ハンブルクに留まっていたウィリアムズとともに彼は、もっと出番を全力でこなすよう、「派手にやれ！（mach shau）」とビートルズを煽り立てた。コシュミダーの怒鳴る「マック・シャウ！」は、すぐにビートルズのマントラとなる。最初にレノンが、ジーン・ヴィンセント（1955年のバイク事故で一生足をひきずるようになっていた）のステージ上の動きのパターンを真似して、ロックンロールの持つ肉体面を意図的に利

ビートルズがハンブルクに到着した晩、インドラ・クラブには客が2人しかいなかった

用し始める。ジョンがあっという間に、ステージ上でしていいこととい けないことに関する、わずかに残っていた自制心を捨て去ると、残りのメンバーも急いでそれに追随した。元々やっていた変化に乏しい2、3分の曲は、10分から20分に及ぶ曲に取って代わられ、演奏しながらバンドはダンスしたり、舞台の端から端まで行進し、お互いを振り回したり、ステージから走り去ったり、飛び戻ったりした。また、平凡な曲紹介をいちいちする代りに、騒音の上から客に向かって怒鳴ったり叫んだりした。毎晩ザンクト・パウリになだれ込む大勢の観客―そのほとんどが観光客や船乗りだ―は、音楽を聴きに来たのではなく、ほとんどの場合アルコールで盛り上がる、ザンクト・パウリ名物の騒々しいエンターテインメントを味わいに来ていたのだ。伝えられているレーパーバーンのクラブ内で起きたハプニングや状況は、実に不気味なほどに、19世紀半ばのロンドンのミュージック・ホールのそれに酷似している。

「熾烈な競争と激しい革新性があり、変化のスピードは恐ろしいほどに速かった…パフォーマンスが最高潮に達している時も、観客は自由にタバコを吸い、飲み、食べ、話すことができた。観客と俳優の間に明確な線引きがある、いわゆる正統劇と異なり、ミュージック・ホールの観客は、舞台上の演者と積極的な会話を楽しんだ。観客はパフォーマンスを威勢よく称賛または酷評し、歌のコーラスに加わり、渡したいものがあれば何でも演者に投げつけた」＊14

1960年のハンブルクにおいては、1860年のロンドンと同様に、観客をその場に留まらせるだけでなく、リピーターになってもらうことが仕事であると、演者は自覚していた。

ポール・マッカートニー「僕らはいつも客を引き入れようとしていた…人が最初に目にするのは、ビールの値段だ…それから周りを見回すと、クラブには1人もいない。そこからだ、僕らが仕事に飛びかかるのは—『さあ！　さあ！　とびっきりの晩ですよ！　中へどうぞ！』。ああいうのを身につけなくちゃいけなかったし、本当に叩き込まれたし、クラブを大いに沸かせるのにも成功した」*[15]

ステージ上での決まり切った振る舞いから解放されたビートルズは、あっという間にカイザーケラーで演奏するデリー・アンド・ザ・シニアズや、ペーター・エックホーンのトップテン・クラブに出演するトニー・シェリダン・アンド・ザ・ジェッツと張り合うようになる。そして間もなく、毎晩続く長時間の出演によって直接的な影響がもたらされた。ひと晩数時間の演奏を週7日行うことのできる身体にするため、ハンブルクで働く他の多くのミュージシャンと同じように、ビートルズは合成興奮剤を使うよう説得されたのだ。このようにして、後に「ドラッグ・カルチャー」と呼ばれるようになるものと、ビートルズは初めて出会う。

存在が全く知られていなかった訳では決してないが、1960年に、イギリスのミュージシャンで、どんなドラッグであれ長期間定期的に使用していた者は、まだ比較的珍しかった。加えて、一般大衆でそのような薬物の出所や効果を知っている者は、ほとんどいなかった。ヘロインとコカインは、アンダーグラウンドな米国ジャズ、及びそれに関連する「ビート」カルチャーの世界にのみ存在するに等しいと思われていた。マリファナの方が有名で、よく理解もされていたが、こちらも一般的には、同じ「ボヘミアン」なコミュニティ限定のものと思われていた*[16]。アンフェタミンは19世紀末に開発されたが、１９３０年代にベンゼドリンの鼻腔吸入器で出回るようになるまで、市場には普及していなかった。アンフェタミンの覚醒剤としての属性はすぐに知られるようになり、第二次世界大戦中、疲労感を取るためにイギリス軍にはアンフェタミンの錠剤が支給された。戦後、アンフェタミンに食欲抑制効果があったことから、一般市場向けに販売されるようになった。消費社会が成長し、美容・化粧品・ダイエット製品が個人支出の重要な構成要素になると、通称「スピード」の名で多くの国で自由に入手できるようになる。１９５０年代末までにスピードは、頻繁にライヴ活動をするミュージシャンにとって、ツアー中の生活に欠かせないものとなった。

ビートルズが最初に市販のダイエット薬プレルディンを紹介されたのは、インドラの仕事仲間からだった。プレルディンは、有効成分フェンメトラジンが新陳代謝を促進し、飲めば眠らずにいられる。ビートルズはまた、パープル・ハーツ（アンフェタミンとバルビツール酸系の混合）やブラック・ボンバー（アンフェタミンとデキストロアンフェタミンの混合）も試したが、安くて合法であること、手に入れやすいことから、プレルディンを好むようになる。最も熱心に摂取していたのはレノンで、他のメンバーは徐々に彼に追随した。１人の例外はベストで、彼は断固として仲間に加わるのを拒否した。ビートルズの関係は公私ともにまだ始まったばかりだったが、バンド内に壁が築かれ始めた。この壁はステージ上の行動にもみられ、ベストがわざとらしい集中力をみせるのとは非常に対照的に、他のメンバーは予測不能な動きをした。

アンフェタミン摂取量が増すのに伴い、ビートルズは奇っ怪で不可解な行動の傾向を強めていった。

「ビートルズは、ロックンローラーが既に知っていた事実を発見したのだ…つまりアンフェタミンが『仕事用ドラッグ』だということを。スピードはミュージシャンに、ステージに出て行く勇気と、演奏をやり続ける十分なエネルギーをもたらす。だが、観客に話しかけるのは失敗のもとだ」＊[17]

ポップスのミュージシャンのアンフェタミン使用には、予想外の副作用が起こる場合がある。「曲間の長くとりとめのない1人語り…それと…押し殺したような怒り」がそれだ。これらの特徴は、落ち着きがなく、しばしば暴力的になったハンブルク時代のビートルズの振る舞いにぴったり当てはまる＊[18]。むろん、暴力が蔓延していたハンブルクのような都市では――「人が飛び出しナイフを取り出し、ウェイターが秩序を保つためにこん棒を持ち歩くのを、よく目撃したとジョンは書いて寄こした」――場所や時代が変われば非難されるような行いが、日常的に容認されていた＊[19]。さらにいえば、年月を経るにつれ、細かい部分が誇張されていった可能性もある。それでも、ビートルズのとった行動の目撃証言のいくつか――ビートルズ自身が裏付けしたものが多い――を信じるとすれば、イライラ・不安感・落ち着きの無さ・錯乱といった、アンフェタミン摂取の典型的な症状の発露は、ほんの数週間前にマージーサイドのコーヒー・バーやコミュニティ・センター、ダンスホールで演奏していた頃の彼らの態度とは、激しく異なるものである。ステージの端から端まで挑発的にナチス式の膝を伸ばした行進をしながら、ビートルズは客席にいる人々に、しょっちゅう「くそ無知なドイツ人野郎ども」と罵っていた＊[20]。「ナチス…ヒトラー主義者めが…ドイツ人のあしなえども」といった罵りが、金を払ってそこにいる客の上に、あられのように注がれた＊[21]。マッカートニーとサトクリフはステージ上で喧嘩し＊[22]、レノンは観客と喧嘩した＊[23]。バンドのメンバー全員の行いが日に日にひどくなっていったが、レノンが最も極端な振る舞いをしていたことに、異論を唱える者はいなかった。

ピート・ベスト「観客の多くは、ジョンを道化役だと思っていた。彼はありったけの力で怒鳴り、卑猥な言葉を叫んだ…僕らの賃金を払ってくれている人々を激しく攻撃した後で、レノンは決まって落ち着きを取り戻した—まるで、長い間押さえつけてきた悲しみを、たった今吐き出したと言わんばかりに…観客は彼の積もり続けるフラストレーションの犠牲者に過ぎなかった」*[24]

もちろん、この時期ビートルズがアンフェタミンに依存していた話には、異なるバージョンがいくつかある。「錠剤を口に放り込み続けながら、スチュアートと他のメンバーは一晩中エネルギーを保っていた」*[25]という報告が多くされ、レノンはと言えば「がぶがぶ飲み込んだ」とも言われている*[26]。ハリスン自身の言葉によれば、バンドは「プレリーズ（訳注：プレルディンのこと）のサンドイッチを食べた」という*[27]。その一方で、アストリット・キルヒヘルのようなハンブルクでビートルズと親しくしていた人々によれば、以上のような説明は、誇張された妄想に過ぎないという—「ドラッグ？　大笑いですよ。ビートルズがハンブルク滞在中にずっとラリっていたなんて、戯言に過ぎない。私たちはみんなとても若かったのです。ジョージは特に、17歳の赤ん坊でした。ビール代くらいしか払えませんでした」*[28]。

ポップスのミュージシャンがどれくらいドラッグを使っていたか特定するのが難しいのは、ドラッグが違法で、そのため秘密に摂取されていたからである。それぞれの理由により、ドラッグ使用を隠そうとするミュージシャンもいれば、使用量を意図的に膨らませて見積もるミュージシャンもいる。加えて、「セックス&ドラッグ&ロックンロール」の持つ陳腐な神話性と、商業的なコンセプトである「ヘロイン・シック（訳注：麻薬中毒者のような外見をおしゃれとするファッションの流行）」が、日々の現実における原因と結果を、照らし出すどころか不明瞭にしている。ジミ・ヘンドリックス、ジャニス・ジョプリン、エルヴィス・プレスリー、シド・ヴィシャス、マイケル・ジャクソンのようなミュージシャンの、ドラッグにまつわる死が盛んにメディアで取り上げられることで、大衆が関心を寄せる話題の上位を占め続け、ポピュラー音楽とドラッグは切っても切れない関係にあると、強く信じられている。だが割合にすれば、ドラッグ乱用の犠牲となるミュージシャンが1人いるとすると、そうではないミュージシャンは何千人もいるという事実が見過ごされている。肝心なのは、ミュージシャンとのインタビューに基づく調査によると、ドラッグ摂取は思いつきや、やみくもに行われるのではなく、働き過ぎ、人前に出る不安、身体に及ぶ危険、仕事の達成感、シフト制の仕事の大変さ、労働条件に対する不満など、いくつもの特定の要因に誘発されるということだ*[29]。ハンブルクに到着したばかりで、最初からライヴの時間を長くしろというコシュミダーの要求（それまで1週間2、3時間のライヴを断続的にこなしてきたのが、1週間におよそ35時間「マック・シャウ」しなければいけなくなった）にひるんだことを考えれば、環境の変化に適応するためにビートルズがアンフェタミンを使わなかったとしたら、その方が驚きだ。ビートルズ後期には、メンバーは大麻やLSDの使用について自由に話し、ハリスン、レノン、マッカートニーは、ドラッグ所持で実に起訴までされている。ハンブルク時代と異なり、後期のドラッグ使用は表現の一環だった。ドラッグ摂取自体に価値があり、総じて良いことだと、ビートルズは信じていたから使用したのだ。ハンブルクでのドラッグは、役立つ道具であり、特定の目標―この場合は、毎晩の出演で予想外にもたらされる疲労に対処すること―を達成するために摂取するものだった*[30]。

また、他の証言によると、ハンブルクに戻る度に、アンフェタミン常用の影響がオフ時の行動にみられるようになった。主犯（もしくは犠牲者）は、またしてもレノンだ。「ジョンは手に入る全ての錠剤や酒を口にしていた…狂うか昏睡状態寸前まで飲み過ぎることで知られていた」＊[31]。おそらくジョンに関する最も悪名高き事件は、下の通りを歩く修道女のグループにバルコニーから放尿したことだろう＊[32]。ジョンがドイツやイギリスの水兵に、何度か強盗未遂や暴行を働いたという証言もある＊[33]。ポーリーン・サトクリフは、兄がジョンにいわれのない肉体的暴力をふられたと記憶している＊[34]。リヴァプールでのレノンに関して似たような話はあるが、そこまで極端ではなく、回数も少ない。ここでもまた、原因だけでなく、背景を考慮する必要性を強調したい。スピードを摂取し始めたことだけが、バンドのメンバー全員の振る舞いを変えたのではなく、故郷から離れていること、学校や大学の壁の外の人生を初めてリアルに味わったこと、異国の環境、道徳全般に対するザンクト・パウリの自由奔放なアプローチ、これらが重なったことも背景にある。両親や保護者の監視の目から逃れたことにより、ビートルズは以前のアイデンティティを投げ捨て、新しい活動に没頭し、周りの環境の規範に合わせて生まれ変わることができたのだ。

　新しく手に入れた自由は、ビートルズの性的な活動にも及んだ。リヴァプールでは全員に一時的もしくは長い間付き合っているガールフレンドがいたが、１９５０年代末から１９６０年代初めにかけてのイギリスでは、婚前交渉は極めて不道徳であると非難されていた。夫婦間のセックスでさえも、喜びの源よりも夫婦の務めとみられていた。経口避妊薬はまだ簡単に手に入るものではなく、中絶は違法で、結婚しないまま10代で妊娠すること以上に恥とされるものはなかった。１９６０年11月、ビートルズがカイザーケラーに初出演し、ローリー・ストーム・アンド・ザ・ハリケーンズと共演した頃、ロンドンの中央刑事裁判所では、ペンギン・ブックスがD・H・ローレンスの禁書『チャタレイ夫人の恋人』を出版しようとして告訴された。検察官マーヴィン・グリフィス・ジョーンズは、「常に快楽・満足・官能が強調されている」と、チャタレイ夫人と彼女の夫の森番メラーズの間の、性行為の描写があるかどでその本を非難した。よく知られたことだが、彼は9人の男と3人の女から成る陪審員に「この本をあなたの妻や召使いに読んでほしいと思いますか?」と尋ねた。陪審員はわいせつな本ではないと判断し、ペンギンは既に印刷してあった20万冊を急いで出版したが、この裁判により、イギリスが保守的な伝統に縛られ、性的自由に関して沸き起こりつつある議論に未だに慣れていないことが浮き彫りになった*[35]。フィリップ・ラーキンが1974年の詩「アナス・ミラビリス」の始まりで、イギリスの性交は「チャタレイ発禁の終焉と/ビートルズの最初のLPの間」に始まったと、書いただけのことはある*[36]。

以上のことから、1960年の夏にマージーサイドからドイツにやって来た5人の若造は、待ち受けていたものに対して心の準備が出来ていなかったどころの騒ぎじゃなかったことが分かる。リヴァ

カイザーケラーの「若者ダンス御殿」における「ロックンロール・フェスティバル」の宣伝文からは、誰が主役かはっきり見て取れる

プールのライム・ストリートも娼婦がいることで有名だったが、ほとんどの場合ひっそりと取引が行われていた。ハンブルクはといえば、娼婦は観光の目玉の1つとして、大々的に宣伝されていた。ザンクト・パウリでは、セックスはアルコールやドラッグと同じように、合法な商品だったのだ。そしてビートルズは、そこにいるなら傍観するだけでなく、活動に加わった方がいいと、早々に気づくことになる。当然のことながらビートルズが日々接触した女性の多くは、その界隈で働くストリッパーや娼婦で、現在同様に当時も、若い女を求める若い男にとって、ロック・バンドの一員であることはかなり有利に働いた。

ポール・マッカートニー「僕らにとっては性の目覚めだ。ハンブルクに行くまで、誰も実用的な知識を持ち合わせていなかった。女の子たちのおかげで、ハンブルクで洗礼を授かったんだ！　女の子といっても、もちろんストリッパーや売春婦だ…そうやって僕らは色々覚えた。あの頃が本物のイニシエーションだったよ」*37

ピート・ベスト「インドラ・クラブに出始めた頃、モーションをかけてきた女の子たちについて色々教えてくれたのは、とあるウェイターだった。気づいたら、何をしなくてもお姉ちゃんたちを選び放題になり、僕らが住んでいたみすぼらしい洞穴で、制限のないセックスにふけるようになっていた」*38

以上のような主張は、ハンブルクにいるリヴァプールのバンドの間で性病蔓延の疑惑があったことや、ビートルズの乱交が描かれる『バック・ビート』のような映画のおかげもあって、ビートルズ神話における有名なエピソードの一部となり、ドラッグで拍車がかかった終わりなき乱交パーティのイメージを作り出すことに貢献している*39。だが、これらのイメージは、ビートルズの多くの同僚の記憶に照らし合わせる必要がある。彼らが見たビートルズの行動は、少しばかりつまらないものだ。「乱交パーティなどありませんでした…ビートルズは5人の優しくて純真な若者でした。むろんたまに男女関係はありましたが、ワイルドなことなど何もしていませんでした」*40。同様に、1961年4月にトップテン・クラブ専属バンドだった期間に、レノンとマッカートニーが、ガールフレンドのシンシア・パウエルとドット・ローヌをリヴァプールから招いて2週間一緒に過ごし、その間、婚約する話も出たことを考えれば、彼らが長期の関係を保つことを望んでいたことは明らかだ*41。ビートルズの知られざる姿を最もよく伝えるのは、ハンブルクの船員宣教団（ビートルズは食事に頻繁に訪れていた）の支局長ジム・ホークのコメントだろう。

「彼らが問題を起こしたことは一度もありませんでした…とても感じのいい、大人しく行儀の良い若者たちでした。あの頃はタバコさえも吸っていませんでした。みんなでただ座ってチェッカーをやるか、上の階に行って私の娘モニカとピンポンをして遊んでいました。図書室もありました…彼らは本を読むのが好きでしたが、泊まっている場所ではあまり簡単に読書ができないと言っていました。たいてい午前11時頃やって来て、午後3時か4時までいました。とても物静かな人々でした」*42

ビートルズは非喫煙者であり熱心な読書家で、静かに座るか、チェッカーやピンポンで遊ぶのが好きな若者だったとするホークの説明は、多くのビートルズの伝記作家の本に溢れる、ステレオタイプなセックス・ドラッグ・バイオレンスの描写からはほど遠い。

ビートルズのドイツ滞在に関して繰り返し問題になるのは、ハンブルクのウェイトレス、エリカ・ヒューバーズがマッカートニーに対して起こした、父親認知を求める裁判だ。1962年12月、ヒューバーズは娘ベティーナを産み、父親はマッカートニーであると断言。さらに、彼が堕胎を勧めたと主張した。マッカートニーの方は無関係を主張したが、1966年に2700ポンドを養育費として一度限りの支払いに応じた。この裁判はさらに2回話題になった。1983年にマッカートニーが同意して受けた血液検査では、彼はおそらくベティーナの父親ではないだろうと判断された。2007年に今度は、ベティーナが検査のサンプルが偽物ではないかと訴えた。

他にも、ハンブルクでビートルズが同性愛行為に及んだのではないかという疑いも、未だに晴れないままだ。アラン・ウィリアムズは、ビートルズのメンバーの2人が、ザンクト・パウリに大勢いるドラァグクイーンの1人とホモセクシュアルな関係になったことを、それとなくほのめかしている*43。その話題をさらに複雑なものにしているのは、レノンとサトクリフがハンブルクにいる間、短期間だったにしろ濃密な同性愛関係を楽しんでいたのではないかという証言だ。性的抑圧とは無縁なレーパーバーンの土地柄、2人の間の深い友情、お互いに共通する飽くなき探究心、絶え間ないライヴ演奏により肉体と精神が性的興奮状態に陥ること——これらを引き合いに出し、サトクリフの妹ポーリーンは、次のように結論づける。

「長年、スチュアートとジョンが性的な関係にあったと密かに信じていました…個人的に、さらに職業柄知ったことの、全てが指し示しています…リヴァプールで2人は一緒に住んでいましたが、それとは話が違います。彼らは、何でもありの都市にいたのですから」＊44

ポーリーンの強調する土地柄の重要性は、セクシュアリティは置かれた場所で形作られるとする、他の論調と合致する。サンフランシスコについて、ゲイの出会いがごく普通に起こりうる場所だとする以下の説明は、そのままハンブルクに当てはめることができる。

「夢見る妄想の世界にふけることができる、道徳規準の緩い場所…水兵、旅行者、短期滞在者、孤独な人々の出会いの場で、カジュアルに出会える環境があり、社会的規範の少ない、ノーマルとアブノーマルの境界線が曖昧な場所。西洋の西の果てにある玄関口であり、端っこの都市の端っこにあるこの地域で、ホモセクシュアリティが花開いた」＊45

ヨーロッパへの玄関口であり、カジュアルな出会いが当たり前で、社会のルールがはっきりしないハンブルクのウォーターフロントもまた、出入りの多い住人（ビートルズを含む）に、リヴァプール郊外であれば文字通り「場違い」な、セックスの機会を提供した。アンフェタミンとアルコールを定期的に摂取することで興奮し、ロックンロールの刺激的な歌詞と熱烈なリズムに焚き付けられ、ミュージシャンと観客の仕事と遊びは、恥を知らない快楽主義のライフスタイルに組み込まれていった。

ユルゲン・フォルマー「彼ら（ビートルズ）が、ハンブルク時代以上に良くなった可能性―つまりあれよりももっとエネルギッシュで、もっと全力投球するようになった可能性―など到底考えられません。おそらく環境のおかげです…本物のロックンロールと、それが持つ生々しいセックス・アピール。男たちは女の子を追っかけ、女の子らは男たちを追っかけるような感じでした。喧嘩もしょっちゅうあり、怖い思いをしない夜はありませんでした。それでもビートルズはすっかり慣れてしまい、ただ演奏し続けていました。そんな暴力に溢れた環境には、ロックンロールの核である性的な雰囲気が漂っていました」*46

3　恋人たち、友人たち（未だ忘れられない）

1960年10月の初め、インドラから出る騒音の大きさに近隣の人々が苦情を申し立て続けたため、コシュミダーは音楽の店としては閉店せざるを得なくなった。以降は、元のストリップ劇場に戻ったのだが、ビートルズが出演した7週間で大幅に増えた観客を失うのを、コシュミダーは残念に思っていた。彼が考えた解決策は、ビートルズをカイザーケラーに移し、ローリー・ストーム・アンド・ザ・ハリケーンズ（ハンブルクを去るデリー・アンド・ザ・シニアズの代わりにイギリスから来ていた）の前座として毎晩出演させることだった。だが、カイザーケラーの方が高級な店ではあったが、ビートルズにとってはリヴァプールの同胞と一緒のステージに立つことは決して喜ばしいものではなかった。

ローリー・ストーム・アンド・ザ・ハリケーンズは、リヴァプールで最も勢いのあるロックンロール・バンドとして広く知られており、ストーム自身も社交的なヴォーカルの演出と華やかな見た目から、ミスター・ショウマンシップ（訳注：エンターテイナーとしての力量があるという意味）の別名で知られていた。彼らはまた、ひときわ荒々しいミュージシャン――リード・ギタリストのジョニー〝ギター〟バーンを擁していた。さらにドラマーのリンゴ・スターには、パフォーマーとしての人気の高さから、ライヴ中に専用の時間「スター・タイム」があり、"Hit the Road Jack"、"You're Sixteen"、"Alley Oop"そして"What'd I Say"といった曲でリード・ヴォーカルを務めていた。音楽的能力は、マージーサイド界隈にいる多くのバンドとさして変わらなかったが、ステージ上での圧倒的な存在感と、ストームのカリスマ性から、恐ろしいライバルになり得るバンドだった。リヴァプールのプロモーター、サム・リーチは「ローリー・ストーム・アンド・ザ・ハリケーンズが全力で演奏しているのを見るのほど、エキサイティングなものはなかった」と断言している*1。

インドラで成功をおさめたとはいえ、ピート・ベストいわく「非常にこなれたセットを披露する、とてもプロフェッショナルな」バンドと、大衆の面前で競い、比較されることになるコシュミダーの提案に、ビートルズは少しばかり不安を覚える*2。なんといってもローリー・ストーム・アンド・ザ・ハリケーンズはアラン・ウィリアムズの招きで（ジェリー・アンド・ザ・ペースメイカーズやキャス・アンド・ザ・キャサノヴァスも一緒に）、5月に6000人収容のリヴァプール・スタジアムで行われた一夜限りのコンサートで、ジーン・ヴィンセントの前座を務めたのだから。その時のビートルズは、出演候補にすら上らなかった。ジョニー・ジェントルの意見は次のようなものだ―「大成功を収める可能性が一番高いバンドはどれかと、1960年に内情に詳しい人に聞けば、誰しもがローリー・ストーム・アンド・ザ・ハリケーンズと答えただろう。シルバー・ビートルズは、彼らに心底畏敬の念を抱いていた」*3。

実際は、2つのバンドがライバル・同僚としてカイザーケラーで過ごした2ヶ月は、両者にとって音楽の面で良い結果をもたらすことになる。驚くべきことではないが、ライバルの演奏と同等か、それ以上を目指したことは、ビートルズの成長に非常に大切な刺激となった。だがより重要なのは、

1960年の10月と11月に、ビートルズがリンゴ・スターを初めてしっかり認識したことだ。それまでも時折接触することはあり、それから2年の間、同じ場に居合わせる機会も度々あったのだが、ハンブルクで共演した期間は、初めてしっかりお互いのことを知り、友情の基礎を築くことになった。カイザーケラーでのビートルズを振り返ったスター自身の言葉は、リヴァプールから離れている間に彼らの演奏が上達したことを伝えてくれる。

リンゴ・スター「リヴァプールで見たこともあるが、当時の彼らは無名のちっぽけな存在で、なんとか形になったばかりだった。実をいえば、バンドといえるようなものじゃなかったかも…でも、ハンブルクではすごかった。とても良かった—最高のロックだ。あの頃彼らが抱えていたドラマーよりも僕の方がいいドラマーなのは分かっていた。それから僕らは全員で一緒につるみ始めた」*4

音楽面の相性が良かったことはもちろんだが、それ以外にビートルズがスターを気に入った主な理由の1つに、彼の反権威主義的な態度がある。若いビートルズは、いつもそんな価値観を大事にしていたのだ。マッカートニーの父親がレノンのことを「悪影響」と呼んだ結果、2人のティーンエイジャーは、より堅い友情で結ばれることになる*5。同様に、レノンの伯母ミミがハリスンを「身分が低そう」とあしらった途端、ハリスンはグループの仲間入りを果たす。全く同じように、バイオレンスや非行の匂いのするテディ・ボーイを堂々と決め込むスターは、ビートルズの関心を引いたのである*6。

ジョージ「多分リンゴには一度、イギリスで会っている。みんな同じ印象を彼に抱いたのを覚えているよ。『あいつには気をつけた方がいい。問題を起こしそうだ』と。彼らがショウをやると、リンゴは後ろで生意気にしている奴だった。髪には白髪の筋が見えて、眉毛も半分白く、大きい鼻をした見た目から、すごくいかつく見えた」*7

1962年8月にビートルズがベストの替わりにスターを入れることを決めた理由については、数え切れないくらいの説があるが（本書では第7章で解説する）、単純にリンゴと一緒にいると楽しかったからというのが、主な要因であることは、疑いの余地が無い*8。ポップやロックのバンドのメンバーになると、ただの仕事仲間以上の関係を求められる。何週間もぶっ続けで、ツアー・宿泊・食事・休憩を至近距離で一緒にとると、お互いのことを好きで、協力的な関係になければ、すぐにでも相手は大きなストレスの源となる。そういった意味で、ビートルズはスターの気楽な性格と抜群のユーモア感覚を愛した。また同じ観点から、ベストの内向きで他者と交わらない気質が気に入らなかったのだ。1960年秋の同じ時期に、同じ都市に居合わせなければ、それから2年後に一緒に働くようになったとは信じがたい。そして「リンゴが加入した途端、ビートルズは彼無しでは考えられなくなった」*9。

その一方で、ビートルズにより即効性のある劇的な影響を与えたのは、彼らがカイザーケラーで演奏していた時期に友人になった、ドイツ人の若者グループだ。現代的な都会が与える喜びの1つに、気軽に誰かと仲良くなれる場の存在がある。核家族化、雇用や居住パターンの崩壊、旅行が機会として与えられるようになっただけでなく義務にもなったこと、一人暮らしにかかる費用の高騰などが組み合わさり、戦後のヨーロッパ諸国では軒並み新しいタイプの都会人が生まれていた――「ノマド」と呼ばれる、それまで家族内に存在した繋がりを、一時的、または永続的に外に求める人々だ*10。実に、多くの人はこう考えていた――「都会では友情が原動力になっている…これこそ我々が選んだ家族なのだ」*11。初めてリヴァプールの家や家族から遠く離れたビートルズが、地元に置いてきた友情に替わる新しい友情を築く必要があったことは、状況を考えれば自然で、当然の成り行きであった。ほとんど予測不能であったのは、その友情が、長きにわたる影響を与えたことだ。

イギリスでめぼしい若者のサブカルチャーといえば、テディ・ボーイズが唯一のものだった。ほぼ

グローセ・フライハイトとシュムックシュトラーセの角に建つ今日のカイザーケラー。このドアの外で、クラウス・フォアマンは初めてビートルズの音楽を聴いた

男子中心（だからボーイ）の彼らは、イギリス各地にある労働者階級のエリアから出現し、戦後の復興計画の一環で奪われた物理的・文化的な居場所を取り戻そうとしていた。テディ・ボーイズが好んだ音楽はアメリカのロックンロールで、彼らは決まった装いをしていた──1950年代半ばに、サヴィル・ロウの仕立屋が、周辺の若く裕福な男性のために考案したエドワード朝スタイルのスーツを、大げさにしたものだ。続く数十年の間、多様なサブカルチャーが次々と出現することになるが（モッズ、ロッカーズ、スキンヘッド、ヒッピー、パンク、ゴス）、1960年代にはテディ・ボーイ（別名テッズ）が、従来のライフスタイルの他に唯一残された選択肢といえるもので、青年期から成人期への橋渡しとなった。だが一方ヨーロッパ大陸では、他にも選択肢がいくつかあったのだ。

「ハンブルクの若者の間では、外れ者グループが主に2つあった──ロッカーズと、いわゆるエグジスだ…ロッカーズのヒーローは、黒い革ジャンを着て反抗のイメージを醸し出す、50年代のアメリカ映画とロック・スターたちだ。彼らのスタイルは、感情むき出しで、荒々しいエネルギーに満ちていた。エグジスはパリの実存主義者の影響を受けていた…パリ左岸の並木通りやカフェにいた、若い芸術家や音楽家、自由人だ。彼らはあからさまに自由気ままで、反ブルジョワで、わざと服や髪型をだらしなくしていた」*12

そんなエグジスの1人に、クラウス・フォアマンがいた。ベルリンのミドルクラスの家庭に生まれ（父親は医者）、アートを学ぶために1956年にハンブルクに来た後、グラフィック・アーティストをしていた。10月のある晩、ザンクト・パウリをうろうろしていると、カイザーケラーからロックンロールが爆音で聞こえてきたので、警戒しながら入ってみた。そこは彼のような人物がめったに足を踏み入れる所ではなかった――ミドルクラスのちゃんとしたハンブルク市民は大抵、レーパーバーンを避けるべきエリアとみなしていたのだ。ビートルズの見た目とサウンドに興味をそそられたフォアマンは、数日後の晩に今度は、ガールフレンドのアストリット・キルヒヘル（郊外の裕福な地域アルトナに住む、目の覚めるような美人の写真家だ）と、彼女とハンブルクにあるラインハルト・ヴォルフのスタジオで働いていたユルゲン・フォルマーを伴いもう一度現われる。

クラウス・フォアマン「ビートルズを初めて見たのは、もちろんハンブルクのカイザーケラーです。ちょっとばかりみすぼらしいバンドでしたが、なんて素晴らしいと思いました。たまに勘違いする人もいますが、コンサートというよりは、ただのナイトクラブで客が踊るために演奏していました。ビートルズが1時間演奏して、休憩を挟んでローリー・ストーム・アンド・ザ・ハリケーンズが出てきて、それからまたビートルズが演奏しました。友人はみんなそれぞれお気に入りを見つけましたが、僕には無理でした――全員最高でしたから」*13

揃って威嚇するようなレザー・ジャケットとブルージーンズ（ニーテンホーゼン、つまりリベット付きジーンズ）に身を固めたロッカーズ（ハルプシュタルケ）の客に気をつけながら、フォアマンらは（警戒心を緩めないまま）クラブの常連になり、程なくしてビートルズに自己紹介する。リヴァプール・カレッジ・オブ・アートに通っていたレノンとサトクリフではあったが、エグジスのボヘミアンな趣味と見た目は、2人が一度も目にしたことのないスタイルだった。サトクリフは妹宛ての手紙にこう記している――「つい最近、信じられないくらい素敵な人々と友達になった…今まで全く見たことがないくらい、美しい3人組だ。彼らの魅力にすっかり参ってしまったよ」*14。

その友達関係は、例えようもなく意外な組み合わせだった。職業・学歴・社会ステータス・外見でさえも、洗練されたお洒落なドイツ人3人（裕福な家庭の出で、全員クリエイティブな仕事に就いている）と、リヴァプール出身の5人の若者（学校や大学を出たばかりで、ステージ衣装はお揃いのスーツをやめて、レザー・ジャケットとタイトな黒のジーンズと、爪先の尖った靴であるウィンクル・ピッカーズを履いていた）では、共通点はほぼ無さそうに見えた。イギリスのティーンエイジャーが、黒のレザー・ジャケットにアイコンのようなステータスを与えているのは、一般的には1950年代アメリカのイメージ、とりわけマーロン・ブランドが暴走族のヘッド、ジョニー・ステイブラーを演じた『乱暴者』（1953年、ラズロ・ベネディク監督）の影響から来ていると考えられている。しかしこの解釈では、『乱暴者』がヨーロッパで広く公開されたのに対し、イギリスでは1967年まで上映禁止だった事実が見過ごされている。さらに、この映画のドイツでの公開は1955年だが、ドイツの思春期の若者にそれよりもっと影響を与えていた「なりたい人物」は、『ディ・ハルプシュタルケン』（1956年、ゲオルク・トレスラー監督。アメリカとイギリスでは『ティーンエイジ・ウルフパック』の題名で公開）で不良フレディ・ボルヒエルトを演じたホルスト・ブッフホルツの方であった。国内の映画であったこと、ブッフホルツが人気を博していたこと、ハンブルクやベルリンといった都市のティーンエイジャーのファッションに影響を与えたことを考えると、「ビートルズが初めて名声への足がかりをつかんだカウボーイ・グリーサー・ルック（訳注：グリーサーは、ロカビリーに似たスタイルのこと）」の真のきっかけとなったのは、『ディ・ハルプシュタルケン』ではないかといわれている*15。ビートルズが黒いレザー・ジャケットを着るようになったのは、ハリウッドへの憧れというより、ハンブルクの現状に影響を受けた可能性が高いのだ。

流暢とはほど遠いが、3人の中で一番英語を話せたフォアマンが、自然とみんなの会話の仲介役をすることが多くなった。これほど対照的なグループ間のコミュニケーションは、他の環境下であれば長続きしなかっただろう。「もしビートルズが人生におけるこの段階で、3人と似通った博識で育ちのいい『イギリス』の女の子—文化的な好みの範囲は、ポーやサド、カミュやコクトーにまで及ぶ—に出会ったならば、階級の違いを意識するだけでも、彼女と関わりを持ちたくないと思っただろう」*16。だがここは、1960年秋のハンブルクだ。どちらのグループにとっても、相手は望ましいものを持っていた。己れの現実が、他者に対する憧れをかき立てたのだ。ビートルズの側は、フォルマー、キルヒヘル、フォアマンに抽象的で知的な、概念やビジュアル表現の世界を見いだした。仲間のロックンローラーなら、お高くとまっていると一笑に付すような世界だ。若いドイツ人の方はといえば、自分たちが嫉妬することしかできない、本物の、生きた反逆精神をビートルズは体現してい

1961年4月にハンブルクで撮影された“知的な”スチュアート・サトクリフ

た。

ポール・マッカートニー「僕らが一番好きだったのは、クラウス、アストリット、ユルゲンだ。すごくいい人たちだ。全員。そして、とてもとても繊細だった…それで僕らは彼らに夢中になった。とても芸術家っぽくてね。芸術家気取りの人々に接するのは初めてではなかったが、彼らは、初めて出会った『ユニークな』芸術家肌の人々だった。他のやつらは、学生がお互いの真似をしているだけのように見えた」*17

ユルゲン・フォルマー「5人の魅惑的なミュージシャンは、僕にとって爆発的な新発見でした。1人1人が『理由なき反抗』のイメージを具現化したようでした。それは、僕の心の奥底で暴れようとしていたものでもありました。だが僕とは違って彼らは、ロックンロールの解放感に満ちたリズムに合わせて、フラストレーションや生きることへの渇望を叫ぶことができたのです」*18

それから数ヶ月にわたって、多くの人がハンブルクのビートルズの決定的な記録と考える、一連の写真をキルヒヘルとフォルマーは撮影することになる。キルヒヘルは、カイザーケラーで初めてビートルズに会ってから間もなくして彼らの写真を撮るようになった。フォルマーが撮影したのは、トップテン・クラブに出演するため、1961年4月に戻って来たビートルズだ。キルヒヘルが写真を撮る上でビートルズに抱いたイメージは、主に第一印象から来ていた―レノンの悲しさ、サトクリフの知性、マッカートニーの愛嬌、ハリスンは内なる知恵を秘めた幼い男の子、といった風に。

カジュアルなスナップ写真を数枚撮ったことがある以外は、外見を決定的に捉えたものが無かったビートルズは、バンドを撮影しようというキルヒヘルの提案に飛びつく。彼女が制作したモノクロのポートレートは、例外なく構図やポーズ、フレームに細心の注意が払われている。ハンブルクのハイリゲンガイストフェルトにある年に三度のドーム・ファン・フェア（訳注：移動遊園地を含むお祭り）の開催地で撮られた写真は、当時も今も息をのむほど美しい。彼女の最も有名な「ザ・ビートルズ：ハンブルク・ファン・フェア」は、5人のビートルズが楽器を持ち、機材運搬用トラックの前で撮ったグループ写真だ（97ページ参照）。ほぼ左右対称といってもいい自然なバランスで人物が配置され、右手にレノン、マッカートニー、サトクリフ（サングラスをかけている）が、何かに気を取られたかのように撮影者から目を逸らしていて、左手にはハリスンとベストが、カメラマンの目線を見つめ返している。彼らが何者であるか、表情からは伺い知れない。レノンとハリスンからは無言の脅しのようなものがにじみ出ており、ベストとマッカートニーの外見からは落ち着きの無さがかすかに感じられる。サングラスで守られて無表情なサトクリフからは、何も読み取ることができない。彼らが何者であるかが唯一うかがえるのは、楽器の存在だ。楽器無しでは、5人の若者はギャングの一味か、遊園地で働く人々、世界中を漂う船員、または避難民にも見える。それ以前のポップ・スターを捉えた写真は、型にはまったルックスの良さと、張り付いたような笑みを強調して、ファンの関心を引こうとしていた。だがこの写真からは、ビートルズとそれを見る者との間に明白な距離が感じられ、背後にある鉄の桁と足場が、距離感を一層増しているのだ。華やかさのかけらも無いその写真には、それでも何か、紛れもなく興奮させる要素がある。それは、団結すると強いんだぞと各人が言っているようであり、写真をじっくり眺めようとする者を挑発しているようにも見える。キルヒヘルが写真家として歩み始めたばかりで、ポピュラー音楽に対する知識も無かったことを考えれば、信じられない程の先見の明だ。「ビートルズの大きな特徴である気骨・アティチュード・活力・気負わない自信を、アストリットは熱意を持ってカメラに収めた…クールな、あえてのスタンスが感じられるそれらの写真は、以降40年の間に、ロックンロール・バンドの普遍的なアイコンとしての地位を確立した」*19。

同じ時に撮影された2番目の写真は「ザ・ビートルズ：トラック」で、ハリスン、レノン、サトクリフがトラックのボンネットに乗っているものだ。ハリスンとレノンは最初の写真と似たような姿勢を取っていて、ボンネットに座りながらカメラを見ている。2人のギターは無造作に膝の上に置かれている。サトクリフは顔を横に向けて仲間の前に立ち、ベースの先はぬかるんだ地面に向けられている。ここでもまた、人を誘うというよりは、刃向かうような気配が感じられる――まるで場違いな傍観者として、強烈にプライベートな瞬間に足を踏み入れてしまったかのように思えるのだ。ハリスンの回想――「写真のイメージは全部、アストリットが作った。彼女は『頭をここまで上げて、左を見て』と言い…僕らはただポーズをとるだけだった」から、アストリットがいかに緻密に作業をしていたかが分かる*20。彼女の作品は、宣材写真ではなく、事実の記録だった。「優れた技術によってエレガントに構成された写真で、ロック・ミュージシャンを捉えたところの、（ニュース写真や宣伝用の写真とは異なる）最初期の芸術写真であることは紛れもない」*21。

だがキルヒヘルはビートルズにとって、仕事だけでなく私生活においても大事な存在だった。ビートルズと出会って数週間もしないうちにフォアマンとの恋人関係に終止符を打ったキルヒヘルは、サトクリフと婚約し、彼を自分のイメージ通りに磨き上げるようになる。レザー・パンツ、襟無しジャケット、タートルネックのセーター、といった風に、自分と同じ服装をするようサトクリフを説得したのだ。キルヒヘルが撮った写真が、サトクリフの外見の変化を詳しく伝えている。例えば、彼女が最初の頃に撮った作品「スチュアート・サトクリフ：ダブル・エクスポージャー」（グローセ・フライハイト通りを横に入ったシュムックシュトラーセで撮影）でサトクリフは、ミステリアスな人物のイメージで撮られている。そこでは革ジャンを着たミュージシャンのぼやけた肖像が2つ重なり、見る者の関心を引く。「ポール・マッカートニー：ハンブルク・ファン・フェア」と「ジョン・レノン：ハンブルク・ファン・フェア」でサトクリフは、不明瞭で実体の薄い人物として背後に存在する。だが時を経て「スチュアート・サトクリフ：ポートレート」での彼は、新たなアイデンティティを獲得している

カイザーケラー最後のライヴを終えた後、グローセ・フライハイト通りを歩くジョン・レノン、スチュアート・サトクリフ、アストリット・キルヒヘルの後を追うようにタバコの煙が漂う。アルネ・ベルストルフのグラフィック・ノベル『ベイビーズ・イン・ブラック　ザ・ストーリー・オブ・アストリット・キルヒヘル・アンド・スチュアート・サトクリフ』（2011年）から

―日帰り旅行でビーチを訪れた、髪がばらばらと目にかかる、そばかすだらけのティーンエイジャーだ。物思いに沈むロッカーが、おしゃれでモダンな若者に変身したのだ。

それからというもの、サトクリフがバンドと一緒に過ごす時間は少なくなる。ギターの腕前にいつも自信の無かった彼は、キルヒヘルの影響下で再び、音楽よりもアートを仕事にすることを、前向きに考えるようになった。サトクリフには音楽の才能が欠けており、キルヒヘルへの愛情の方は日に日に増していったことから、彼の役割に関してバンド内で口論や争いが絶えなくなる（サトクリフがマッカートニーとステージ上で喧嘩したのは、1961年4月の2度目のハンブルク巡業の時で、トップテン・クラブの外でレノンが、衝動的にサトクリフに暴力をふるったのも同じ期間だ）。最終的にその年の6月にサトクリフがバンドを脱退すると、メンバーは彼の決断を残念に思うと同時に、安堵に包まれた。複雑な感情を抱いていたのは、サトクリフの家族も同様だった。彼がハンブルク美術大学に入学して、著名なスコットランド人彫刻家で美術家のエドゥアルド・パオロッツィの元で学んだら、その翌年イギリスに戻ってレスター・カレッジ・オブ・アートで1年間の教職課程をとるつもりだと聞くと大喜びした。だが一方、彼がしようとしている結婚生活の詳細を知ると喜ぶと同時に心配し、感情を揺さぶられる。

ポーリーン・サトクリフ「彼女があれほどのインパクトを家族全員に与えることになろうとは、私たちには全く予測できませんでした。我が家にやって来た時の彼女はまるでシンデレラのようで、ひれ伏したくなるほどでした。私から見て彼女は、あらゆる意味で異国の存在でした。微笑みや肩をすくめる仕草が…どこか不安を与える神秘的な魅力を引き立てていました。その外見や振る舞いは、彼女の世界ではそうでなかったかもしれませんが、我々の世界では時代に先んじていました。彼女は魔法をかけたのです」*22

サトクリフとキルヒヘルは、それから12ヶ月の間ほとんどハンブルクで過ごし、時折リヴァプールを訪れた。1961年12月以降、サトクリフはアルトナのキルヒヘルの実家（アイムスブッテラーシュトラーセ45a番地）に住んで、絵を描いた。この期間に彼の健康状態は急速に悪化し、激しい頭痛、嘔吐と失神の発作、てんかんを繰り返すようになり、体重が激減する。1962年4月に同じような発作で倒れ、キルヒヘル家の自分のアトリエで亡くなった。死因は右側脳室への脳出血と記録されている。一説では、ビートルズの結成当初リヴァプールでのライヴの後で、テディ・ボーイの軍団に襲われた怪我が原因だったという*23。別の説では、1961年5月に、レノンに理由もなく襲われた時に負った傷が原因だったとされている*24。3日後にビートルズがスター・クラブに初めて出演するためにハンブルクに到着すると、空港で出迎えたキルヒヘルが彼らにサトクリフが亡くなったことを伝える。サトクリフの遺体はリヴァプールに空輸され、彼が聖歌隊に属したこともある、ハイトンの聖ガブリエル教会の墓地に埋葬された。ビートルズはイギリスに戻って葬式に出席することよりも、ワイスレダーの新しいクラブに出演する任務の方を選んだ。

それからしばらくしてハリスンとレノンは、サトクリフが亡くなった屋根裏部屋で、自分たちの写真を撮ってくれとキルヒヘルに頼む。静かで内省的な2人のポートレートは、ファン・フェアのフォト・セッションとは著しく対照的だ。「ジョン・レノン・アンド・ジョージ・ハリスン：アティック」では、座ったレノンが物憂げに部屋の向こうを見つめている。彼の横に立つハリスンの表情もまた、愁いを帯びている。このセッションでの数枚が、笑わないビートルズの顔をハーフ・シャドウで写した『ウィズ・ザ・ビートルズ』（1963年、ロバート・フリーマン撮影）のジャケットの元となったのは、明らかだ*[25]。「ジョージ・ハリスン・アンド・ジョン・レノン：バック」は、2人のビートルズが背中合わせで写る、ダークな趣のある作品で、「ジョン・レノン：ブラック・ポートレート」と「ジョージ・ハリスン：ポートレート」は、包み込む暗がりから顔をあげる2人の顔を、1人ずつアップで撮った作品だ。全ての作品で、対象の若々しさと矛盾するかのようなもの悲しさが、力強く描かれている。

サトクリフとキルヒヘルの悲劇的な恋愛は、トリスタンとイゾルデ、ロミオとジュリエット、アベラールとエロイーズといった他の薄幸な恋人たちに例えられることが近年では多い。だが、サトクリフとビートルズの関係が将来どうなっていたかに思いを馳せる者は少ない。実際、2人の睦まじさの詳細を描いた2010年出版のグラフィック・ノベルにより、この恋愛物語は一層文学的な結び付きを強めていった*[26]。サトクリフの死去までに、ビートルズはブライアン・エプスタインをマネージャーにしている。そして既に脱退していたとはいえ、ビートルズはサトクリフに幾度も会い、彼がバンドで果たす役割の可能性について話し合っていた。エプスタインはバンドのアート・ディレクターになるよう提案したが、サトクリフの特別な才能が広く評価されていたことを考えれば、そのような曖昧な立場が彼の芸術家としての野心と並外れたエネルギーを満足させたとは考えにくい*[27]。

クラウス・フォアマン「彼はとても短い期間で目一杯生きました。短い人生の毎分毎秒、何かに取り組んでいました。他の人の10倍は物事を見ていました。彼の想像力は素晴らしかった。その死は悲劇です。生きていたらどれだけのことをしたでしょう」*[28]

キルヒヘルと違いフォルマーは、ロックンロールの「動」の部分の自発性と感情を捉えようとした。彼の最初の頃の写真には、マッカートニー、ハリスン、サトクリフが目の前を通り過ぎるなか、革ジャンを着たレノンが閉ざされた入り口の前に立つ、象徴的な写真がある。ハンブルクのウォーターフロントにあるイエーガーパサージュで撮られたこの写真に写る、傷と落書きで覆われたレンガの壁と、湿って汚れた歩道は、ロックンロールが社会経済・地理における文脈でどこに位置するのか、瞬時に見定めることを可能にする―ロックンロールとは、ストリートの音楽なのだ。レノンの傲慢な表情と無関心を装う態度―ポケットに手を入れて足を交差させ、壁にもたれかかっている―は、多くの批評家がロックンロールによって焚き付けられることを恐れた、反抗、及び権威に対する敬意の欠如の、典型例といえよう。威圧的なレノンの存在を背景に、急いで前を通り過ぎる3つの人影がぶれて写り込んでいるが、同じ速度で歩行しているため、全員片方の靴にだけは焦点が合っている*[29]。フォルマーはやや長い1秒間の長時間露光を使い、写真にこの効果を与えたが、そのためにはレノンが微動だにしない必要があった。撮影時には不平を漏らしたレノンだが、ビートルズがハンブルク時代に演奏していた多くの曲を再演し、『ロックン・ロール』と内容にふさわしいタイトルを付けた。

1975年のアルバムで、ジャケットに選んだのはこの写真であった。

フォルマーはまた、ステージ上のビートルズを撮影したがったが、混み合って騒々しい夜のライヴの最中に撮影するのは難しいだろうと考え、ハリスンの提案に従い、クラブが閉まっている日中に撮影することにした。この時点で、ビートルズの住まいはトップテン・クラブの2階（訳注：マーク・ルイソン著『全記録』には「最上階の宿泊所」と書かれている）にある部屋だった。クラブのスポットライトをステージに向け、ビートルズを光が集中した中に立たせることで、フラッシュの不足を補うことができた。ある意味フォルマーの写真は、被写体が慎重にポーズをとらされているともいえる。本物のライヴを記録したものではないことは明らかだ。汗をかいておらず、丁寧に髪をとかしたビートルズは、普段と違いこざっぱりした見た目をしている。だが、フォルマーの細部に至るこだわりと、リハーサル中のビートルズのカジュアルで自発的な姿勢からは、明らかに楽しんでいる様子がうかがえる。ほとんどの写真は、主な歌い手でギタリストであるレノン、マッカートニー、ハリスンの3人に集中している。数枚はレノンが前面に出ていて、他には、メンバーが様々な組み合わせで会話をしている写真もある。ベストだけが不在で、写っている場合でも（予言めいているが）、背景に影のように写っているだけだ。なんといっても印象的なのは、ハリスンの写真だ。無垢な雰囲気（18歳だ）が、ジョージを特別に写真映えする被写体にしている。レノンの強気な自信が、ロックンロールの持つ、堂々として生意気な雰囲気にぴったりだとすれば、ハリスンのはかなさ（このフォト・セッションだけでなく、アルテ・ラーベンシュトラーセの桟橋で撮った写真にも表れている［91ページ参照］）は、最年少のビートルと彼の労働環境が釣り合わないことをはっきりと感じさせる。

1961年7月にビートルズがハンブルクを去ると、フォルマーはパリに移り住み、アメリカ人写真家ウィリアム・クラインのアシスタントになる。9月にはレノンとマッカートニーが、レノンが21歳の誕生日に旅行用にもらったお金を使って、イギリスからヒッチハイクで彼の元を訪ねてきた。フォルマーは2人にパリの学生が着ているようなコーデュロイの上着を買うよう説得する。そしてある日の午後2人は―やがて世界中が同じ事をするようになる―オールバックにして高さを出したクイッフ（訳注：リーゼントに似たヘアスタイルのこと）ではなく、額の髪を前下がりにとかす形に切ることをフォルマーに許したのだ。フォルマーやフォアマンをはじめ、ハンブルクに住む彼らの友人の多くがそのヘアスタイルをしていた。サトクリフは数ヶ月前にもうこの新しい髪型にしており、ハリスンも恐る恐る試していた。ベストは断固としてそのような変身を拒否し続けたが、後に「同化することを拒んだ訳じゃない…単にその時はそれほど重要なことだとは思わなかっただけだ」と弁明している*[30]。だが、最終的にゴーサインを出したのはレノンとマッカートニーで、その結果、後に彼らの成功の決定打となる、バンドのビジュアルが固まったのだ。アメリカのロックンロールを飽くことなく欲する2人のイギリスの若者が、フランスで休暇中にドイツ人の写真家にイメージチェンジしてもらったことは―それから10年の間にますます顕著になるのだが―地域と国の間の壁が無くなっていく状態を非常によく表している。ビートルズのトレードマークとなるモップ・トップ（訳注：モップのようなヘアカットのこと）は、イギリスのマスコミが使い始めた言葉だが、メンバー共通のアイデンティティに必要不可欠なものとなった。そのため、スターはバンドへの加入を請われた時に、レノンにこう命じられた。「髪を前にとかし、髭は剃ること…もみあげは、まあ残しておいてもよい」*[31]。

フォアマンは自分がますます厄介な立場に置かれていることに気づいた。何ヶ月も同棲していたキルヒヘルをサトクリフに奪われ、ふさぎ込みがちになる一方で、彼は他の友人2人よりもビートルズの音楽に圧倒されていたのだ。実際、彼はレノンの指導の下、ロックンロールを仕事にする世界にどんどんはまっていき、思い描いていたグラフィック・アーティストの道をほとんど忘れ去ってしまった。「ステージに立つジョンを見て本当に多くのことを学びました。リズム・ギターの本格的な弾き方を教えてくれたのは彼です。ジョンは弦を2本だけ鳴らし、他の弦は手のひらでミュートする特別なやり方をしていました」＊32。

フォアマンは、ビートルズ解散後に元メンバーの4人全員と時期を違えてステージに立った、貴重な一握りのミュージシャンのうちの1人だ＊33。他には、キーボーディストのビリー・プレストンがいる。彼が初めてビートルズに出会ったのもまた、ハンブルクだった。ビートルズは1962年4月に、初めてスター・クラブに出演するようになった時期にリトル・リチャードの前座を務め、そのバック・バンドにプレストンがいた、という訳だ。彼は元々ゴスペルの出身で、マヘリア・ジャクソンをはじめとするシンガーのサポートをしており、14歳までにはセッション・ミュージシャンとしても地位を確立していた。ハンブルクに公演旅行に行った時はほんの15歳だったが、ビートルズと友達になり、ハリスンとは特に親しくなった。のちにビートルズはアメリカ合衆国から音楽における成功の頂点の数々、親友、プロデューサー、ミュージシャン仲間、妻、自宅、といった多くのものを得ることになるが、プレストンは、アメリカからやって来た初めての親友という特別な存在であり続ける。

ビリー・プレストン「出演していたイギリス人アーティストの中で、ビートルズが一番好きでした。理由は彼らのハーモニーと、少し変な見た目をしていたからです。感じのいい人たちだったから、いつも舞台袖から見守っていました。それから友達になりました。彼らはリトル・リチャードやアメリカに興味津々でした。僕のところに来て色々聞くのです。それで一緒につるむようになりました…スター・クラブで彼らに無料のステーキや無料のコーラを取ってきてあげたのを覚えています」＊34

ビートルズが2つの世界（キルヒヘルと彼女の仲間の紹介で出会った、芸術家と学生のコミュニティ。それとは別にロッカーを中心とする、出演するクラブの常連）を行き来する能力を備えていたことがよく分かるのは、彼らがホルスト・ファッシャーと固い友情で結ばれたことだ。元ボクサーのファッシャーは、路上の喧嘩騒ぎで水兵を殺したかどで50年代に服役し、出所後は、カイザーケラーの用心棒の責任者としてコシュミダーに雇われていた。ファッシャーはロックンロール好きで、レーパーバーン界隈で恐れられていたことから、ビートルズ――とりわけその攻撃的な行動により、ステージ上でもオフの時も殴り合いの喧嘩に発展することもあったレノン――の強力な味方となる。

ホルスト・ファッシャー「ミュージシャンよりうまく歌えると思い込み、ステージに飛び乗ってマイクを奪おうとする酔っ払いが必ずいた…俺が気をつけていてあげなければ、ジョンのせいでビートルズがひどい目に合うか、ジョンが自分から1人でトラブルに巻き込まれるのは明らかだった。後ろ盾が無いのに、彼はタフな男を気取っていた。それは、レーパーバーンでは危険なことだ」*35

ファッシャーと彼が率いる用心棒チーム（多くはハンブルク・ボクシング・アカデミー出身）は、ビートルズの身の安全を効果的に保証した。マッカートニーはこう証言している。「ホルスト・ファッシャーは、僕らのとてもいい友人だった…僕らは彼らととても、とても親しくなり、彼らも僕らをすごく気に入ってくれた。僕らを、兄弟のように愛してくれたんだ」*36。1961年4月、トップテン出演のためハンブルクに戻ったビートルズを待ち受けていたのは、同じくトップテンに移ったファッシャーで、1962年にビートルズがスター・クラブに出演した際は、彼もまたそこにいた。

ファッシャーが気に入っていた、ハンブルクで巡業中のイギリス人アーティストには、他にもトニー・シェリダンがいた。ノーフォーク出身のシェリダンは、自身のバンド、ジェッツとともにコシュミダーに最初に起用され、1960年10月にはカイザーケラーからペーター・エックホーンが新しく開いたトップテン・クラブに店を移していた。カイザーケラーでの出番と出番の合間に、ビートルズはシェリダンの出番を見学するようになり、時にはステージ上で共演することもあった。シェリダンのギターの腕前と、衝動的なパフォーマンスに少しばかり畏敬の念を抱いていたビートルズは、彼を友人であり、良き先輩と見なしていた。実際、シェリダンはよく「先生」と呼ばれていた＊[37]。カイザーケラーの環境はインドラよりも圧倒的に良かったにも関わらず、ビートルズはすぐに、トップテンの方が段違いに良いことに気づく。彼らは、トップテンの観客数の多さ、整った施設、ギャラの高さ、クラブの上階に専用の居住空間があることに嫉妬した。自身の店がますます評判になっているのを知ったエックホーンがビートルズに移ってくるよう勧めたが、他の店に出演すれば契約条件を破ることになると、コシュミダーがすぐさま断ってしまった。ビートルズがエックホーンの申し出を受けるつもりだとはっきり言うと、コシュミダーは怒りにまかせてハンブルク警察に垂れ込んだ―ハリスンが18歳に満たず、クラブやバーで夜10時以降に働くのは違法だと。11月、ハリスンは速やかに強制送還され、残りのメンバーはリード・ギタリスト不在でなんとか演奏することを余儀なくされた。1週間後、マッカートニーとベストがバンビ・キーノから私物の残りを引き上げて、これ見よがしにトップテンに移る準備をすると、コシュミダーは自分の映画館を2人が焼き払おうとしていると言いがかりをつけた。ダヴィットヴァッヘ警察署の独房で一晩過ごした後、2人もまた強制送還された。エックホーンからいつか彼のクラブでビートルズを演奏させると口約束を取り付けてから、レノンは2人の後を追って12月にリヴァプールに戻った。サトクリフはキルヒヘルの家に数週間滞在した後、再び勉強を続けるつもりで、最終的にはリヴァプールに1月半ばに戻った。

最初のハンブルク巡業が不名誉な結果に終わり、やる気を失いがっかりしていたビートルズではあったが、それでもいったん寄り集まれば、地元でのライヴのブッキングを探すようになった。インドラとカイザーケラーのステージに何時間も立ち続けたことで、他のリヴァプールのバンドが全くかなわないような、自信とエネルギーが身についていることにすぐに気づいたビートルズは、数週間のうちに、1日で2回、時に3回のステージをこなすようになった。以前からビートルズを支援していたアラン・ウィリアムズやモナ・ベストは、引き続き彼らのためにライヴをブッキングし、地元での人気が広まると、デイヴ・フォーショーやサム・リーチ、ブライアン・ケリーといったプロモーター

シュピールブーデンプラッツにあるダヴィットヴァッヘ警察署。1961年12月にハリスン、マッカートニー、ベストはここからイギリスに強制送還される

が、ビートルズに新たな会場を紹介した。特筆すべき日が日ある。まずは12月27日のリザーランド・タウン・ホールで行われた夜のショウ（「ハンブルク直送」と謳われた）でビートルズは、観客に前代未聞のロックンロールを披露した。それはしばしば「リヴァプールにおけるビート・ミュージックのムーヴメント全体が起こるきっかけになった」と言われている*38。レノンによれば――「僕たちはその夜、本当の意味で殻から抜け出て解放された。自分らの演奏が上手いのではないかと、この時初めて考えるようになった。ハンブルクまでは、なかなかいいとは思っていたけど、そこまでいいバンドだとは思っていなかった」*39。大事なのは、ビートルズの外見が、音楽と同じくらいの魅力を放っていたことだ。

「4人のミュージシャンは、ハンブルクのテキサス・ショップで買った黒の上下を着ていました。クラック加工の美しいレザー・ジャケットには、肩パッドと人工羊皮の裏地が付いており、黒いTシャツと、光沢のある細身のズボンを合わせていました。楽器を低い位置で体に下げている彼らは、まるで反抗的なティーンエイジャーの夢が現実になったようでした」*40

もう1日は、ビートルズがキャヴァーン・クラブにおいてランチタイムのライヴで初出演を果たした1961年2月21日だ。元は1957年1月にアラン・シットナーをオーナーにジャズ・クラブとして開店したキャヴァーンと、ビートルズの伝説的な関係は、ここからスタートしたのだ。パリのル・カヴォー・ドゥ・ラ・ユシェット（Le Caveau de la Huchette）のスタイルを真似てできたキャヴァーンには、ハンフリー・リトルトン、アッカー・ビルク、ロニー・スコット、シスター・ロゼッタ・

サープ、ビッグ・ビル・ブルーンジー、シスコ・ヒューストン、ブラウニー・マッギー、ソニー・テリーといったパフォーマーが出演していた。1959年10月にレイ・マックフォールがキャヴァーンを買ってから、一時的にロックンロールのクラブになったが、その前（とその後）は、先述の面々が出演する、ジャズとブルースの店だった。キャヴァーンの常連との密接な関係が、ビートルズの物語全体において重要な要素であると、ハリスンは振り返っている。騒々しくかっとなりやすい観客と、抑制を効かせずに本能でやり取りすることが、ビートルズの音楽を届けるのに最適な状態を作る――このことを最初に学んだのは、ハンブルクにおいてだった。「最高だった。観客が何を欲しているのか、見失うようなことは一度も無かった。リハーサルなんてものは何もしなかった。自分たちのファンのために演奏し、ファンは僕らと全く同じような人々だった。ただ自然にやっていた」*41。

4　何か古いもの…

１９６０年の夏にビートルズがハンブルクに行ったのは、他人の音楽を演奏するためだった―３年前にクオリー・メンを結成してから、彼らは常にそうしてきたのだ。実際、１９５７年７月の午後、生まれたばかりのレノンのバンドをマッカートニーが初めて聴いた時の曲には、エルヴィス・プレスリー"Baby Let's Play House"やデル・ヴァイキングス"Come Go With Me"が含まれていた。マッカートニーはエディ・コクラン"Twenty Flight Rock"とジーン・ヴィンセント"Be-Bop-A-Lula"を知っていたので、その後レノンと会った時には自然とそれらの曲が話題の中心になった。１９５８年７月に再編成されたクオリー・メンが作った最初のレコード（リヴァプールにあるハウススタジオが提供していた音声録音サービスで制作）は、バディ・ホリー"That'll Be the Day"のカヴァーだった。

彼らの好みは、驚くようなものではない。１９５０年代末のイギリスにおけるポップ・ミュージックは、事実上アメリカのロックンロールから派生したもので占められていた。アメリカで生まれてイギリスでローカル色を強めた（そして短命に終わった）スキッフルを除けば、ポピュラー音楽の発展において、イギリスは全く何の重要な貢献も果たしていなかったのだ。イギリスのチャートを独占していたのは、アメリカのレコードだ。1956年、UKナンバーワン・シングル12曲のうち10曲は、アメリカ産だった。1957年には13曲中9曲、1958年には13曲中11曲をアメリカ勢が占めた。週刊音楽紙（『メロディー・メーカー』、『ニュー・ミュージカル・エクスプレス』、『レコード・ミラー』、『ディスク』）の紙面に毎週決まって掲載されたのは、大西洋の向こうの特集とインタビューとレビューに大人しく頼り切った記事と、善意から書かれた—だが扱いはずっと小さい—国内の音楽活動の記事を混ぜたものだった。多くのイギリス人歌手は、お手本とするアメリカのシンガーをそっくりコピーしていた。クリフ・リチャードとビリー・フューリーは、エルヴィス・プレスリーをヒントに職業上のペルソナを作り上げた。アダム・フェイスは、バディ・ホリーの歌唱の癖をいくつも忠実に再現していた。パット・ブーンの模倣をまずまずの腕前でやってのけていたのは、クレイグ・ダグラスだ。ウィー・ウィリー・ハリスは、ジェリー・リー・ルイスを大げさに、コミカルにした感じだった。さらに言えば、アメリカのスタイルに依存することは、全く正しいやり方であると見られていた。エージェントでプロモーターでもあったバニー・ルイスは、1961年の時点では次のように言ってもさしつかえないと考えていた。「私はアメリカの支配を良しとします。とても自然なことだからです。ポピュラー音楽はアメリカの伝統であり、そうではないと反論する人がいれば、それは無駄な試みとしか言えません…我が国の歌うアーティストたちを、アメリカ人がちょっとでも気にしているとは、到底思えないのです」*1。ハリウッド映画とアメリカのTVシリーズが描く華やかで贅沢なイメージを、戦後のイギリス（戦時配給制度は1954年まで続いたのだ）に住む大人が、拒絶するのはほぼ不可能であったのと同様に、過剰な興奮と派手な反抗を約束するロックンロールに、イギリスのティーンエイジャーは魅了され、おびき寄せられた。新しい音楽を喜んで受け入れたマッカートニーは、その好例だ。「最大の楽しみだった。落ち込んでも、エルヴィス（のレコード）をかけるだけで、いつでも最高の、素晴らしい気分になれた…魔法のようだった。本当に素晴らしかった」＊2。

そして、レーパーバーン周辺のクラブのために、ロックンロールを是が非でも必要としていたのは、ブルーノ・コシュミダーや彼の競合相手だった。1950年代末、ドイツで幅広く流行していたポピュラー音楽には、主に2つのタイプがあった。1つはシュラーガーで、ペーター・アレクサンダー、フレディ・クイン（歌う水兵）、ロイ・ブラックのような歌手が歌う、ライトで中庸なポップスだ。もう1つはドイツのロックンロールで、要はアメリカのロックンロールをゆるく真似たものだ。代表的なアーティストには、ペーター・クラウス、テッド・ヘロルド（ドイツのエルヴィス）、コニー・フロボエス等がいた。しかしながら、アラン・ウィリアムズがハンブルクのクラブを訪れた最初の頃（1960年）に気づいたように、どちらの音楽も熱狂的に受け入れられていた訳ではなく、ドイツ人の観客は、触れる機会は明らかに少なかったが、アメリカ（それにイギリス）の音楽のスタイルの方を好んでいた。

アラン・ウィリアムズ「彼らの商売は大繁盛していた。空いているテーブルは1つも無かった。それでも、どことなく陰気な雰囲気が漂っていた。音楽といったら、古臭くて退屈で、ひどくダサいドイツ人バンドが、ロックンロールの真似をしようとしていた…だが彼らの演奏はきっちりした軍隊スタイルで、まるで連隊の楽団のようだった。ぞっとしたよ。カップルが1組2組、けだるく踊っていた。突然、バンドが演奏を止め…ジュークボックスがエルヴィス・プレスリーとトミー・スティールのレコードを爆音で鳴らし始めた。観客は狂ったようになった。あっという間にフロアーには、体・

体・体が入り乱れた。店が雷に打たれたようだった」*3

また、ドイツの観客は、イギリスで当たり前になった定番のバンド編成―リード・ギター、ベース・ギター、リズム・ギター、ドラムの4人―に馴染みが無く、依然としてソロ・パフォーマーを好んでいた*4。そのため、ハンブルク巡業中のビートルズの役目は、とてもシンプルだった。ジュークボックスから流れてくる音楽と同じようなサウンドを、バンドのライヴによる音楽体験に作り上げればいいのだ。そのための手段として、抵抗と反逆と反権威主義と非行と密接な関わりが（現実でも想像上でも）あるロックンロールは、理想的なものだった。

1957年から1960年半ばまで、バンド（クオリー・メン、ジョニー・アンド・ザ・ムーンドッグス、シルバー・ビートルズ）のレパートリーは、アメリカのパフォーマーによる人気のロックンロール曲を、何のためらいもなくカヴァーしたものにほぼ終始した*5。エルヴィス・プレスリー（"All Shook Up"、"Blue Moon of Kentucky"、"Hound Dog"、"Jailhouse Rock"、"Mean Woman Blues"、"That's All Right"）、ジーン・ヴィンセント（"Be-Bop-a-Lula"、"Wild Cat"）、カール・パーキンス（"Blue Suede Shoes"、"Lend Me Your Comb"、"Sure to Fall"、"Tennessee"、"Your True Love"）、ラリー・ウィリアムズ（"Bony Moronie"、"Short Fat Fannie"）、エディ・コクラン（"C'mon Everybody"、"Twenty Flight Rock"）、デル・ヴァイキングス（"Come Go With Me"）、ファッツ・ドミノ（"Ain't That a Shame"、"The Sheik of Araby"、"Red Sails in the Sunset"、"I'll Always Be In Love With You"）、ビル・ヘイリー（"Shake, Rattle and Roll"）、ジェリー・リー・ルイス（"High School Confidential"、"Whole Lotta Shakin' Goin' On"、"Great Balls of Fire"）、オリンピックス（"Well, Baby Please Don't Go"、"Hully Gully"、"I Wish I Could Shimmy Like My Sister Kate"）、バディ・ホリー（"It's So Easy"、"Mailman, Bring Me No More Blues"、"Maybe Baby"、

"Peggy Sue"、"That'll Be the Day"、"Think It Over"、"Words of Love")、チャック・ベリー("Johnny B. Goode"、"Roll Over Beethoven"、"Sweet Little Sixteen")、ロイド・プライス("Lawdy Miss Clawdy")、リトル・リチャード("Long Tall Sally"、"Lucille")、コースターズ("Searchin'"、"Three Cool Cats"、"Young Blood"、"Yakety Yak")。

ビートルズは時折インスト曲も演奏した(ベンチャーズ"Walk, Don't Run"、デュアン・エディ"Raunchy"、"Ramrod"、シャドウズ"Apache")。さらに、ごく初期のライヴではスキッフルも数曲演奏("Cumberland Gap"、"Rock Island Line"、"Midnight Special"を含む、主にロニー・ドネガンのカヴァー)していたが、ロックンロールの影響が決定的なものになると、1960年代半ばまでにはセットリストから完全に消滅した。

以上のような曲がハンブルク時代初期のライヴ・セットの核となったが、彼らのレパートリーはそれから2年間かけて爆発的に増える。「1960年から1962年にかけて、ビートルズは平均で11日ごとに他の人のヒット曲をセットリストに加えた」と言われている*6。新しい曲がコンスタントに入ってきたことにより、ライヴの演奏曲は増えた。しかし、自分がわくわくし、個人的に惹かれ、世間で人気があるという理由から選ばれた、他のアーティストの曲をリサイクルする、基本的なやり方は変わらなかった。レノンの説明によれば、バンドのポリシーは次の通りだ—「お気に入りのレコードを取り上げ、オリジナルより良いバージョンにする」*7。ハンブルクでは、そのポリシーは必要にかられてのものだった。過度に同じ曲を繰り返すことなく、毎晩6時間近く演奏をすることが決まっていたため、ハリスンいわく「何百万曲も覚えなくちゃいけなかった。すごく長いこと演奏しなければならなかったから、何でもやった…どんな曲でも。何時間もステージにいたから」*8。さらにいえば、持ち曲は、いくつかの特定の軌跡をたどって増えていった。

第一に、ビートルズは膨大な数の新たなロックンロール曲を次々と取り入れた。目立つのは、黒人のミュージシャンの曲だ―チャック・ベリー（"Carol" "Memphis, Tennessee" "Too Much Monkey Business"）、リトル・リチャード（"Ooh! My Soul" "Tutti Frutti" "Good Golly, Miss Molly"）、ラリー・ウィリアムズ（"Bad Boy" "Slow Down" "Dizzy, Miss Lizzy"）、レイ・チャールズ（"What'd I Say" "Hallelujah I Love Her So" "I Got a Woman"）。歴史的にロックンロールは、異なる人種、及び音楽の伝統が米国国内で混ざり合うことによって生まれたと見られることが多い。エルヴィス・プレスリー、ビル・ヘイリー、ジーン・ヴィンセント、カール・パーキンス、ジェリー・リー・ルイスといった白人のパフォーマーが、黒人のリズム・歌詞・パフォーマンスのスタイルを白人の観客に紹介し、それによって観客が本家の黒人パフォーマーを探し求めた訳だ。だが、これは偶然起こったことではなく、１９３０年代以降に起きた人口構造の変化によるものである。すなわち、米南部の州の困窮した地域から黒人が大勢流入にした結果、シカゴ、デトロイト、クリーブランドといった米北部の工業都市の人口に占める黒人の割合が、著しく増えたのだ。ロックンロールは、より具体的には数種類の特定のスタイルを合体させてできたものであり、元となった音楽スタイルはそれぞれ、新しい音楽に大きく貢献している。ゴスペルのコール・アンド・レスポンスは、リード・シンガーとバッキング・グループの組み合わせの元となる。露骨な性的表現を用いたり、陰鬱さと悔しい思いを強調するブルースは、多くのロックンロール・ナンバーの歌詞に共通してみられる会話体に影響を与えた。ジャズは、即興や、高度なインストゥルメンタルのテクニックを追求するきっかけとなる。感傷的であったり、恋愛に重きを置くバラッドの側面は、これまでもずっと歌詞の主題になっている。フォークソング（カントリー・ミュージックを含む）における ストーリー・テリングの伝統は、曲に欠かせない物語の要素となっている。そして極めて重要なのは、これらが激突して再編成された場所は、都市部だったことだ。それは、新たに流入した若年層が、時に萎縮させられる場であり、進化し続ける環境の下、個人、及び集団で新たなアイデンティティを確立しようとする都会だ。

「1950年代半ばの間、若者は都市部で自分たちの自由を確保しようとした…最も批判の対象となってきたシティ・ライフを、ポピュラー・カルチャーにおいて初めて手放しで称賛したのが、ロックンロールだった。都会の生活でやかましく繰り返されるサウンドは事実上、メロディとリズムとなって、ロックンロールで再現されたのだ」*9

だが、都市の生活は決して均一ではない。どの街にも一通り文化の習わしがあり、特定の秩序や条件下で構築と再構築を繰り返す。それ故、ロックンロールは「都市のサウンド」と呼ばれるけれども、「様々な都市のサウンドを集めたもの」という方がより正確な説明となろう。実際、初期のロックンロールの形成を細かく調べると、5つの特定のスタイルが見えてくる——それぞれ、発生した場所にゆかりのあるスタイルだ。ノーザン・バンド・ロックンロール（ビル・ヘイリー・アンド・ヒズ・コメッツ、フレディ・ベル・アンド・ザ・ベルボーイズ）はフィラデルフィアを中心に発展、ニューオーリンズのダンス・ブルース（ファッツ・ドミノ、リトル・リチャード）、メンフィスのカントリー・ロックまたはロカビリー（エルヴィス・プレスリー、カール・パーキンス、ジェリー・リー・ルイス）、シカゴのリズム・アンド・ブルース（チャック・ベリー、ボ・ディドリー）、ニューヨークのヴォーカル・グループ・ロックンロール（コースターズ、ドリフターズ）といった具合だ*10。これらの源泉から幅広く引用したものを合体し、ブランドを作り上げたビートルズにとってロックンロールは、初期の影響であっただけでなく生涯を通して大事なものになる。

ジョン・レノン「自分の曲よりも、古いロックの歌の方をよく覚えている。部屋で座って何気なく演奏し始めて、ギターなんか持っていて、みんなでつるんで歌うようなことがあったら、歌うのはどれも50年代初期から中頃の曲だ。バディ・ホリーとかの一連の。よく覚えているから…僕のレパートリーはあれだ。今でも、ビートルズが自分の曲を書くようになる前に演奏していたやつをやるよ」*11

第二に、ビートルズはブリル・ビルディングの作家チームが書いた曲を数多く取り上げ始める。ブリル・ビルディング（元々1階で衣料品店を営み、最終的にビル全体を所有した、ブリル兄弟から名付けられた）は、ニューヨークのタイムズ・スクエア近く、ブロードウェイ1619番地にある11階建てのオフィス・ビルだ*12。1930年代、ブリル兄弟は音楽出版社相手に貸事務所を始める。出版社の多くは作曲家に事務所で作業するよう勧めた。それらの部屋で曲作りをしたソングライターには、アーヴィング・バーリンやコール・ポーターも含まれる。マンハッタンの中心にあり交通の便が良かったため、多くの出版社が続々と入居し、ブリル・ビルディングは音楽制作とプロモーションの拠点となる。1960年代初頭までには、150以上の音楽関連のビジネスが間借りしていた。だが、ブリル・ビルディングのポップ感覚が発展した重要な場は、ブロードウェイ1619番地よりも、通りを挟んだ向かいのブロードウェイ1650番地だ。1958年にアル・ネヴィンスとドン・カーシュナーが、アルドン・ミュージックを設立。ロックンロールの初期の衝動がやや薄まったことに気づいていた2人の目的は、次のようにシンプルなものだった。「すくいあげたロックンロールのエネルギーに、昔ながらのものを施し直す…技術とプロ意識による規律で、若者市場にヒットを仕掛ける」*[13]。目標達成のために彼らは、少数ながらも腕利きの若いソングライター（中には自分で演奏する者もいた）を集めた。チームにはハワード・グリーンフィールドとニール・セダカ、ジェリー・ゴフィンとキャロル・キング、バリー・マンとシンシア・ワイルも含まれる。ブリル・ビルディング本体でも同じパターンが繰り返され、ソングライターのジェリー・リーバーとマイク・ストーラーが作業をし、今度は彼らがジェフ・バリーとエリー・グリニッチを含む、他の作家を呼び込んだ。加えて、ドク・ポーマスとモルト・シューマン、バート・バカラックとハル・デヴィッド、バート・バーンズといった独立した作曲家やソングライターのコンビも数組存在し、同じブロードウェイ沿いやその周辺で働いていた。これらの幅広い集団が、後にただ「ブリル・ビルディング」と称されるようになるものの核を形成し、１９５０年代終わりから１９６０年代初めにかけて何百もの曲と、何十曲ものヒット・シングルを書くのだ。曲が提供された演者は、コニー・フランシス、リトル・エヴァ、ドリフターズ、シフォンズ、ジーン・ピットニー、ロネッツ、ディオンヌ・ワーウィック、シャングリラス、コースターズ、ベン・E・キング、エルヴィス・プレスリー、クローヴァーズ、ディオン、アンディ・ウィリアムス、アーマ・フランクリンと、幅広い。

他の多くのイギリス人ミュージシャンと同様にビートルズは、ブリル・ビルディングのソングライターが、商業的な人気と音楽上の技術を併せ持つことを認識していた。ビートルズは特に、ジェリー・ゴフィンとキャロル・キングに感心しており、レノンがあっさり「まず、ポールと僕はイギリスのゴフィン・キングになりたかった…当時の彼らは、すごいのを書いていた」と認めていることから*[14]、素直に憧れていたことが分かる。ハンブルクに行く以前も、リーバー&ストーラーの書いた曲を数曲（主にエルヴィス・プレスリーやコースターズが歌ったもの）演奏していたが、増え続けるカヴァー曲に2年かけてさらに多くの曲が、追加されていった。ゴフィン&キングの書いた曲（"Don't Ever Change"、"Sharing You"、"The Loco-Motion"、"Take Good Care of My Baby"、"Will You Love Me Tomorrow"、"Chains"、"Keep Your Hands Off My Baby"）に加え、バカラック&デヴィッド（"Baby It's You"）、ポーマス&シューマン（"Save the Last Dance for Me"）、リーバー&ストーラー（"Some Other Guy"、"Stand By Me"）、マン&ワイル（"Where Have You Been All My Life"）、そしてバート・ラッセルの名でバート・バーンズが書いた曲（"Twist and Shout"）も演奏された。

ハンブルクのビートルズが採用した第三の戦略は前記に関連している。それはアメリカのガール・グループや女性ソロ・シンガーのレコードを改変するといったものだ。ガール・グループ・サウンドは短命に終わったが、莫大な人気を誇った音楽スタイルで、後に次のように解説されている。「ユニークなジャンル…重要であると同時に流行を作り出し、60年代初期の音楽ジャンルのうち、真に異彩を放ち、大いに開花した唯一の存在」*15。このジャンルのパイオニアにはボベッツ、シャンテルズ、ポニーテイルズ等がいる。1959年から60年にかけてのペイオラ・スキャンダル（アラン・フリードとフィル・リンドを含む有名なDJが幾人も、レコードをかける見返りに賄賂を受け取っていたのではないかと疑われた）の後、大衆は皮肉と疑いの目でポップス業界を見ていた*16。そんな中でガール・グループ・サウンドは、10代にターゲットを絞ったジャンルの、フレッシュな代替案となったのだ。ブリル・ビルディングの2曲、ゴフィン&キングの"Will You Love Me Tomorrow"と、バカラック&デヴィッドの"Baby It's You"は、ビートルズのお気に入りになる。両曲ともオリジナルはシュレルズにより1961年にレコーディングされ、ビートルズはトップテンとスター・クラブ出演時にカヴァーしている。この2曲をきっかけとして、他にもカヴァーに適した曲はないかと、似たような出どころを探るようになる。それは、大胆な思いつきだった。元々男性歌手が録音した曲を、女性シンガーが歌うことは時折あったが、ポピュラー音楽は男性支配のカルチャーに属すため、男性パフォーマーは、男らしさが人前で脅かされる恐れのある行動を慎んでいた―女らしさと紐付けられる曲であればどんな曲であれ、演奏を避けなければいけないのは明らかだった。最初にビートルズは、"Mama Said"、"Soldier Boy"、"Love Is a Swingin' Thing"、"Boys"といったシュレルズの他の曲を演奏する。"Boys"は、サビで「ねえ　男の子たちのことを言ってるの　みんな喜びの固まりみたい！」と繰り返されることから、男性グループが演奏するのは意外だと思われても仕方ない。

無垢な若者―18歳のジョージ・ハリスン。1961年4月にアルテ・ラーベンシュトラーセの桟橋で撮影

ポール・マッカートニー「僕らはシュレルズの"Soldier Boy"をやったけど、あれは女の子の曲だ。気づいてなかっただけ…リンゴもよく"Boys"を歌っていた。それもシュレルズの曲。全く無邪気にやっていた。僕らは一度も、何であいつは男の子のことを歌ってるんだ?なんて考えもしなかった。僕らはあの曲を大好きだった。彼女たちのレコードがどれも大好きだったから、何を歌っているかなんて関係なく、あの精神とサウンドと雰囲気が大事だったんだ」*[17]

「子供から大人の狭間にいる女の子の生活を、完璧なまでに捉えたような」音楽を、熱心に再現したビートルズは、男性のロックンロール・パフォーマーの辿る道からは大きく外れていたかもしれないが、「男の歌」と「女の歌」といったステレオタイプな性差を無視した結果、それらにとらわれていたライバルたちに比べ、かなり広範囲に及ぶ曲に手を付けることができ、さらに極めて重要なことには、音楽に「女性の視点」を持ち込むことになった*[18]。それから2年の間、ハンブルクのビートルズのショウに女性の曲は欠かせないものになる。リトル・エヴァ"Keep Your Hands Off My Baby"と"The Loco-Motion"、ドネイズの"Devil in His Heart"、テディ・ベアーズの"To Know Him Is to Love Him"、クッキーズの"Chains"、ロージー・アンド・ジ・オリジナルズの"Angel Baby"、アン=マーグレットの"I Just Don't Understand"は、曲名や歌詞を時折変更しながら、最も多く演奏された曲だ*[19]。数え切れないほどの解説者が、ビートルズがこれらの曲を取り入れることによって、オリジナルの人気に取って替わっていった皮肉な結果を指摘している。

「ガール・グループ・サウンドは、『ブリティッシュ・インヴェイジョン』の名で知られる60年代のビート・グループ、とりわけビートルズの土台となった。ガール・グループ時代が消滅したのは、ファブ・フォー（訳注：ビートルズのあだ名）のせいだとしばしば言われるが、彼らはガール・グループ・サウンドを利用し…無意識のうちに破滅させた。ビートルズからマンフレッド・マンまで、男性ビート・グループが、ガール・グループ・サウンドを取り入れることで、ある種の普遍性を獲得した一方で、女性たちは…使い捨てのパフォーマーに過ぎないとみなされてしまう」*20

第四にビートルズは、ライヴのレパートリーにロマンチックなバラード（スタンダード・ナンバーとして確立されていた曲もいつかあった）の数を増やす。アメリカのロックンロール・シンガー（特に白人スター）は、だいぶ以前から、アップテンポな曲に加え、スローでソフトなラヴ・ソングをレパートリーに含める傾向を見せていた。１９５０年代末から１９６０年代初めにかけてのエルヴィス・プレスリーの大ヒット曲には、"Love Me Tender"、"Loving You"、"Don't"、"Wild in the Country"、"Are You Lonesome Tonight?"、"Can't Help Falling in Love" が含まれる。同じようにバディ・ホリーも "True Love Ways"、"Wishing"、"Words of Love"、"Raining in My Heart" で成功を収め、さらにエヴァリー・ブラザーズのレコード "All I Have to Do Is Dream"、"Devoted to You"、"Let It Be Me"、"Ebony Eyes"、"So Sad" は、この種の音楽の人気の高さを証明している。だが、以上のほぼ全てのケースにおいて、曲は演者により、または演者のために、特別に書かれた新曲だった。当時そういった調達先の無かったビートルズは、上記のうち数曲を自分たちでカヴァーする他にも、あえて１９５０年代以前の幅広い歌手のセレクション（騒々しいロックンロールのサウンドの中に置くには、一見不釣り合いなもの）に、使えそうな素材を探し求めた。ビング・クロスビー"True Love"、ペギー・リー"Till There Was You"、ドロシー・ラムーア"I Remember You"（当時フランク・アイフィールドのバージョンがヒットしていた）、マレーネ・ディートリヒ"Falling in Love Again"、ダイナ・ワシントン"September in the Rain"、レニー・ウェルチ"A Taste of Honey"、ジュディ・ガーランド"Over the Rainbow"、ジミー・デイビス"You Are My Sunshine"、マニュエル・アンド・ザ・ミュージック・オブ・ザ・マウンテンズ"Honeymoon Song"等の、紛れもないトラディショナル・ポップが、演奏曲のバラエティを広げるために選ばれた（選んだのは主にマッカートニー）。マッカートニーがこれらの曲に馴染みがあったのは、セミプロのバンド・リーダーだった父のお気に入りで、1940年代の子供時分に初めて聴いたものだったからだ。「全て父の頃の曲だ…親父はいつもこういった古い曲や、ジャズの歌を演奏していた。彼が奏でる音を好んで育ったんだ。特にペギー・リーのヴォーカルが好きだった」*21。

第五に、ビートルズはデトロイトのタムラ・モータウン（1959年1月、ベリー・ゴーディによって設立）に所属する作曲家や演者を、強く意識するようになる。デトロイトのウェスト・グランド・ブールヴァードに本部があるそのレコード・レーベルは、多くの点でブリル・ビルディングの「工場のライン生産」方式を真似ていた。土地の施設には、管理事務所や製造施設、レコーディング・スタジオの他に、居住施設まであった。ソングライティングのやり方は、ブリル・ビルディング内で行われていたものに驚くほど似ていた。ノーマン・ホィットフィールドとバレット・ストロング、ブライアン・ホーランドとラモント・ドジャーとエディ・ホーランド、スモーキー・ロビンソン、ニコラス・アシュフォードとヴァレリー・シンプソンといった作家チームが、急激に増える演者の集団に、コンスタントに提供する曲を作る目的で雇われた。

1961年、マーヴェレッツ"Please Mr. Postman"がモータウンのシングルで初めて、米国のチャートで首位に輝くと、ビートルズはすかさずセットリストに取り入れる。そして、続けざまにミラクルズの"You've Really Got a Hold on Me"と、バレット・ストロングの"Money (That's What I Want)"を演奏するようになる*22。ビートルズはまた、アイズレー・ブラザーズのヒット・シングル—"Twist & Shout"と"Shout!"をよく演奏した。この2曲はしばしばモータウンの曲だと思われているが、実際はアイズレー・ブラザーズが1965年にレーベルに参加する以前にレコーディングされている。「サウンド・オブ・ヤング・アメリカ」をスローガンに掲げるモータウンは、グローセ・フライハイトとレーパーバーンの混み合った店には、理想的な音楽だった。モータウンのコール・アンド・レスポンスのスタイル、ヴォーカルの対位法、繰り返される手拍子、モーダルハーモニー、強烈なダンスのリズムは、1960年代初期に形になりつつあった、新しいディスコやクラブ・シーンに不可欠なものの典型で、マッカートニーも次のように、ためらうことなく認めている。「マーヴィン・ゲイ、スモーキー・ロビンソン、そういった人々が好きだった。ミラクルズは僕らに大きな影響を与えた…僕らにとってモータウンのアーティストは、リトル・リチャードに取って代わるものになった」*23。

モータウン・レーベルと契約しているアーティストではなかったが、アラバマ生まれのカントリー・ソウルの歌手、アーサー・アレキサンダーに触れなければなるまい。彼のレコードから聞こえる、力強くも滑らかな歌声、抑制の効いた表現、彼の書く、コンパクトで精巧に作られた愛や後悔を綴る歌、魅惑的なコード・チェンジ、目立つバック・ヴォーカルは、実質上、モータウン・サウンドの重要な要素を内包していた。レノンがアレキサンダーの曲の数々を発見すると、それはあっという間に、ビートルズのライヴに欠かせない存在となる。"Anna"、"Soldiers of Love"、"A Shot of Rhythm and Blues"、"Where Have You Been (All My Life)"はアメリカでもイギリスでもヒット・シングルではなかったことから、ビートルズはこの時点で、ハンブルクとリヴァプールにおけるライバルの知らない（少なくとも最初は）曲を発表したいとの思いを強めていたことが分かる。マッカートニーは"Anna"と"A Shot of Rhythm and Blues"（同様にリッチー・バレットの"Some Other Guy"とジェームス・レイの"If You Gotta Make a Fool of Somebody"も）を見つけた頃のことをこう説明している。「僕らは競争にさらされていることに気づき、他と違った存在を目指した…ボ・ディドリーのB面曲を漁り、よく知られていないリズム・アンド・ブルース曲を求め…自分たちだけのアイデンティティを探す必要があった」*24。

実際、ビートルズの演奏曲は、1962年暮れの最後の巡業時までには、ハンブルクを初めて訪れた時に携えていた70曲前後から、数百曲に積み上がっていた。特筆すべきは、それらがほぼ全てアメリカの曲に特化されていたことだ。ビートルズは故意であれ、無意識であれ、二番煎じで面白みに欠けたイギリスのポピュラー音楽からきっぱりと距離を置き、もっと混じりけの無い、より本物に近い、オリジナルの方を好んだ。ハンブルクでビートルズが演奏したイギリスのミュージシャンは、実にジョニー・キッド・アンド・ザ・パイレーツ（"Shakin' All Over"）と、ジョー・ブラウン・アンド・ザ・ブルヴァーズ（"A Picture of You"、"What a Crazy World We're Living In"）だけだった。むろん、新しい曲が演奏されたのは、ドイツ滞在時に限った話ではなかった。1961年2月以降、キャヴァーンやリヴァプールの他の会場も、ビートルズが増やし続けるバラエティ豊かな選曲—この点で彼らに並ぶ者は、

ビートルマニアのモップ・トップや、『サージェント・ペパーズ・ロンリー・ハーツ・クラブ・バンド』のサイケデリック・カルチャーとはまるで別世界。レザー・ジャケットに身を包んだビートルズが、ロックンロールに忠誠を誓う。ガタガタの道、工業地帯のような背景、にこりともしないバンドの面々。ハンブルクのハイリゲンガイストフェルトで開催されたドーム・ファン・フェアで撮られた写真は、ビートルズ自身をドラマチックでパワフルに描き出しただけでなく、ポピュラー音楽のビジュアル・イメージを実質上新たに塗り替え、以後その傾向は何十年に渡って続くこととなる

いたとしても、極少数だ—の恩恵を受けていた。だが、ビートルズが新たな曲を探し求めるきっかけを作ったのは、ハンブルクで夜な夜な演奏していたからだ。さらに、当地で演奏する曲は、自信が増すにつれ単なるコピーではなくなり、他とは一線を画すバンドのシグネチャーともいうべきものを発信する、個別のメッセージを抱えるものになった。カヴァーは1つ、ないし2つの形をとる—「『再演』は、素直にオリジナルに従ったバージョンで、『改変』は、より意図的にオリジナルを自分のものとし、時に流用にまで至るものである」*25。改変が常にオリジナルを超えるかどうかは、人により意見が分かれるところだが、ビートルズがハンブルクで覚えた数曲に加えた解釈により、多くの人にとってそれが最良のバージョンになったことは、疑いの余地が無い。"Twist and Shout"（トップ・ノーツが1961年、アイズレー・ブラザーズが1962年に録音）、"Money (That's What I Want)"（バレット・ストロングが1959年に録音）、"Mr. Moonlight"（ドクター・フィールグッド・アンド・ジ・インターズが1962年に録音）が顕著な例だ。他にもビートルズのライヴで人気があった曲には、"Some Other Guy"がある。リッチー・バレットにより1962年に録音されたこの曲は、あっという間にリヴァプールのほぼ全てのグループの、セットリストの定番曲になる。

ジョン・マクナリー（サーチャーズ）「ビートルズは"Some Other Guy"をやった。僕らは"Some Other Guy"をやった。ビッグ・スリーは"Some Other Guy"をやった。みんな"Some Other Guy"をやった。でも、"Some Other Guy"や"Money"のカヴァーを全部聞いてごらんよ。1つとして同じものはない」*26

誰か他の人のレコードや演奏を単に真似するのではなく、改変することで、ビートルズ（と周辺のバンド）は、他の人とは違う音楽上のアイデンティティを確立するための、最初の一歩を踏み出すことができた。それは職業上有利に働いただけでなく、個人的な満足感ももたらした。

「曲のコピーに磨きをかけ続けることにより、独自性の高いサウンドに近づいた。リッチー・バレットの"Some Other Guy"を歌えば歌うほど、ジョンは自身の焼け付くような嫉妬心をより曲に投影するようになった。ポールはリトル・リチャードの"Lucille"を歌えば歌うほど、自分なりのめまぐるしいキャンプ（訳注：大げさ・悪趣味で、時に男性が女性化するスタイル）な味付けを加えた。ビートルズがカヴァー元のレコードから学んだのは、どうやったらオリジナルのように聞こえるかにとどまらず、演奏のやり方、歌う方法、歌を伝える表現方法だった」*[27]

進化し続けるビートルズの音楽の特性で、他にもハンブルク巡業中の求めに応じるうちに形作られたものがあった。それは、リード・シンガーを3人据えることだった。リヴァプールの大半のバンドには、決まったフロントマン（大抵はシンガー）がいるが、ビートルズは常にレノン、ハリスン、マッカートニーがリード・ヴォーカルをそれぞれ担当する、平等なやり方を以前から好んでいた。ほとんどの場合、誰であれバンドに曲を持ち込んだ人が、自然とリード・シンガーになった。それ故、リトル・リチャードのカヴァーは通常マッカートニーが歌い、カール・パーキンスの曲の大部分はハリスンが歌い、アーサー・アレキサンダーとシュレルズの曲はレノンが歌った。エルヴィス・プレスリー、バディ・ホリー、チャック・ベリーの曲は振り分けられた。民主的な観点だけでなく、実用上の理由からこの取り決めが採用された―バンド内で代わる代わる歌を担当すれば、毎晩何時間もたった1人のリード・シンガーが歌うことにより喉を痛め、疲れ切ってしまう可能性を回避できると思ったのだ。ピート・ベスト（"Wild in the Country"、"Roses Are Red"）、スチュアート・サトクリフ（"Love Me Tender"）、リンゴ・スター（"Boys"）もリード・ヴォーカルに貢献した。幅広く類を見ないほど網羅的な楽曲と、音楽で注目を集めるのは4人ないし5人と民主的に分散されたこと、この組み合わせによってビートルズは、たちどころにハンブルクの競争相手の中で頭角を現す。

ピート・ベスト「ビートルズはあまり自分たちの曲を演奏していなかった…ほぼお決まりのカヴァーに終始していた。だけど何に感心させられたかといえば、曲がバラエティ豊かだったことだ。チャック・ベリー、リトル・リチャード、カール・パーキンス、エヴァリー・ブラザーズ、ファッツ・ドミノ、ジョニー・キッド・アンド・ザ・パイレーツの"Shakin' All Over"のようなイギリスのやつさえもやっていた。思ったね、『ワオ！　すごい。あのレパートリーは』と。それがドイツに行ったら、さらに良くなったんだ…やっていたのは依然としてほとんどカヴァーだったし、レイ・チャールズの大曲"What'd I Say"で締めていた。僕らは観客に参加させることに注力した」*28

5 …何か新しいもの

前章までに述べてきたように、ビートルズはハンブルク滞在期間を通して、主に他の人々の音楽をカヴァーしていた。5回の巡業で、曲数とカヴァーするジャンルは爆発的に増えたとはいえ、カヴァー・バンドの職域を逸脱することはなかったし、それが彼らの望みでもあった。このことは、ハンブルク時代に制作したレコードからも、明白にうかがい知れる。1960年10月、ビートルズがローリー・ストーム・アンド・ザ・ハリケーンズと共に、カイザーケラーの専属バンドだった頃だ。場当たり的にレコーディングしようと、ハウプトバーンホーフ（中央駅）近くのクロックマン・ハウス・ビル5階にあるアクースティック・スタジオをアラン・ウィリアムズがおさえ、レノン、マッカートニー、ハリスンが、ハリケーンズのルー・ウォルターズとリンゴ・スターと一緒に、"Fever"、"September Song"、"Summertime"を録音した＊1。1961年6月、トップテンのお抱えバンドだった期間（メンバー各々、1晩につき40マルク稼いでいた）には、毎晩トニー・シェリダンのバックを務めていたビートルズは、フリードリヒ・エーベルト・ハレ（ポリドールとフィリップスが、1950年代半ばからスタジオとして使用していた）でのシェリダンのレコーディング・セッションで、ステージの再現をするよう依頼される。ベルト・ケンプフェルト（ドイツの著名な楽団指揮者で、作曲した曲には“Spanish Eyes”、“Wonderland by Night”、“A Swingin' Safari”、“Strangers in the Night”が含まれる）がプロデュースし、エンジニアはカール・ヒンゼだった。2日間にわたって8曲録音したうちの7曲がカヴァーだ—“Nobody's Child”、“Sweet Georgia Brown”、“Take Out Some Insurance on Me, Baby”、“Ain't She Sweet”、“My Bonnie”、“When the Saints Go Marching In”、“Why”（シェリダンとビル・クロンプトンの共作）＊2。1962年1月、ビートルズが落ちたデッカ・レコードのオーディションでも、録音された15曲のうち12曲はカヴァー曲だったし＊3、1962年12月、最後のハンブルク巡業の際、スター・クラブで録音された30曲のうち28曲がカヴァーだった＊4。興味深いことに、両者で共通して演奏された曲は“To Know Her Is to Love Her”と“Besame Mucho”2曲だけだった。

しかしながら、アクースティック・スタジオで制作されたハリケーンズとビートルズのアセテート盤を除き、上記それぞれのセッションには、レパートリーを増やす上でビートルズが探っていた新たな方向性—ゆくゆくはそれが決定的なものになる—を跡づける証拠が見受けられる。それは、ビートルズが自分たちで曲を作るというものだ。ハリスン＝レノンのインスト曲“Cry for a Shadow”（トニー・シェリダンのセッションから）、レノン＝マッカートニーの曲“Like Dreamers Do”と“Hello Little Girl”と“Love of the Loved”（デッカのオーディションから）、“I Saw Her Standing There”と“Ask Me Why”（スター・クラブでの録音から）は、ビートルズがコンビで、そして個人で抱いていた、曲作りへの野心の兆候といえるものであり、数年のうちに世界中の若者が同様の野心を抱くことになるのだ。

イギリスのポピュラー音楽は1950年代の間ずっと、ティン・パン・アレー（訳注：ブリル・ビルディングの前身ともいえる、ニューヨークにある音楽産業が集まった一帯）の正当性を頑なに信じ、職業作家が

1961年、レノン、マッカートニーとハリスンが、毎夜のレパートリーにしていたロックンロールの古典─エルヴィス・プレスリー、リトル・リチャード、チャック・ベリー、ジェリー・リー・ルイス、カール・パーキンス、ファッツ・ドミノを、トップテンの観客に向けて演奏。ピート・ベストとスチュアート・サトクリフは、隠れていて見えない

キャッチーな曲を書き、魅力的な若い男や女が歌う伝統を守っていた。自身のヒット曲をいくつか書いたり、改変したりしていたロニー・ドネガンを例外に、シンガーソングライターは、ほとんど知られざる概念だった。著しく対照的なのはアメリカで、プロのソングライターと、自分の曲を書いてレコーディングする単身のパフォーマーが共存していた。チャック・ベリー、ラリー・ウィリアムズ、ロイ・オービソン、バディ・ホリー、エディ・コクラン、カール・パーキンス、サム・クック、リトル・リチャードといったアーティストから、ビートルズはアイディアを得ようとした。1957年夏、マッカートニーがクオリー・メンに加入してから取り組むようになったソングライティングは、自然に発展していった。マッカートニー、またはレノンの自宅での気楽なリハーサルの合間に、2人は初めて書いた作りかけの曲を、お互い比べ合うようになる。それはマッカートニーの"I Lost My Little Girl"とレノンの"Hello Little Girl"を含み、両方とも、彼らの初期の曲にありがちな、歌詞とメロディが複雑でない曲だった。

ポール・マッカートニー「2人で会って、コンビで曲作りできるかどうか試すことになった。2本のギターで、お互い顔を合わせる状態で座って…2人が思いついたものを何でも、僕が書き留めた。確か最初に取り組んだのは、"Too Bad About Sorrows"と呼んでいた曲だ。どの曲もすごくシンプルなコード進行だったけど、そういうやり方で覚えたから…僕らはただ、徐々に技を磨いて、自信を付けていった」＊5

ジョン・レノン「すごく『沢山』の曲を一緒に書いた。一対一、頭と頭を突き合わせて…昔は本当に、完全にそうやってお互いの鼻先に向かって弾きながら書いていた。一緒に何時間も何時間も何時間もかけた…最初の頃は、漠然としたテーマさえあれば、歌詞はどうでもよかった。『彼女は君を愛してる、彼は彼女を愛してる、2人はお互いを愛してる』てな具合に」*6

このようなことから、ビートルズが初めてハンブルクに到着した時には、1人、ないし2人で一緒に書いた、仕上げも様々な段階の曲を、少数ながら携えていた。あっという間に捨て去られた曲もあれば、レパートリーに残った曲、将来再び手を付けることになる曲もあった。そこには次の曲が含まれる—"Just Fun"、"What Goes On"、"Keep Looking That Way"、"That's My Woman"、"Like Dreamers Do"、"Years Roll Along"、"Thinking of Linking"、"Love of the Loved"、"In Spite of All the Danger"、"One After 909"。"Catswalk"、"Looking Glass"、"Hot as Sun"や"Winston's Walk"といったインスト曲もあった*7。

よく知られた曲で客を惹き付ける必要性を感じていたこと、新曲に対する反応が未知数だったことから、当初ビートルズは自作曲を抑え気味にしており、たまにしか演奏しなかった。それでも、毎日何時間もライヴ演奏しなければならず、自作曲があって、演奏可能であることにより、ライバルに対してはるかに優位に立てることが分かっていたため、彼らは徐々に自作曲を演奏する機会を増やし始める。

ジョン・レノン「自分たちの曲を取り入れ始めたのは、リヴァプールとハンブルクの頃だ。僕らが最初に書いた曲の1つ"Love Me Do"をポールが書き始めたのは、彼が15歳の頃だったと思う。あれは勇気を出して自分たちの曲を演奏するようになった、最初の曲だ。すごくトラウマになったよ。レイ・チャールズやリトル・リチャードやあそこらへんの、他の人のすごい曲をやっていたからね。そこから"Love Me Do"を歌う気持ちに持っていくのが大変だった。僕らは自分たちの曲が少し弱いと思っていた。でもだんだんそういう気持ちを振り払って、試してみようと決めた」*8

絶え間なくオリジナル曲を投入し、バンドの持ち曲を増やそうとするビートルズの意図的な試みにより、演奏曲の量と質は大幅に向上する(1963年まで、ハリスンのソングライターとしての貢献は、2曲の共作―マッカートニーと共作した"In Spite of All the Danger"と、レノンと共作した"Cry for a Shadow"に留まっている)。

ソングライティングは次の2つのうちの、どちらかの戦略で書かれる場合が多い。「人為的」なアプローチでは、プロの原則に従って、テーマ・メロディ・動詞句・間奏を当てはめて試し、組み立ててから、編集したものが最終形に近づくまで組み直される。対照的に「オーガニック」なアプローチの曲作りでは、新曲にはそれぞれ独自の見解があり、それはユニークな創作物であると同時に、何かを伝えるための手段である。個人的な思いを表現したいという欲求よりも、バンドの出演時間を埋めなくてはという義務感に駆られ、レノン＝マッカートニーが最初の頃に作った曲は、臆面もなく人為的に作られた。だが、人為的に作られれば必ずしも劣る曲が出来上がる訳ではなく、1960年から62年にかけてソングライティングに費やす時間が増えるにつれ、彼らの作った曲の多くは、ライヴの定番曲に出来るほど良質だとみなされるようになる。

「最初のハンブルク巡業期間を経て、彼らは何かに突き動かされるようになる。レノンとマッカートニーは自作曲に挑み続け、両者とも新鮮で変わったものを曲作りに持ち込んだ。日頃よく演奏していたアメリカのロックンロール・アンセムを単に複製するのではなく、自分たちのアイディアを投入し、若々しいものに作り替えた。一緒に曲作りをする時には、ヴァースを1つ2つここに、ミドル・エイト（訳注：ブリッジのこと）をそこに配置と、意図的に真似をしようとしたが、シンプルでしばしば陳腐な曲が出来上がったとしても、彼らは決してアメリカ産の音楽をそっくりそのまま再現しようとはしなかった。ビートルズの曲は、厚かましさとチャーミングな特質を兼ね備えていたのだ」*9

セットリストに組み込まれたそれらの新しい曲から、ビートルズが自分たちのソングライティングの感性にどの程度アメリカ音楽のお気に入りのスタイルから受けた影響を吸収し、混ぜ合わせていたかが、うかがい知れる。"I Saw Her Standing There"は、爆発するように始まって、ファルセットの叫びを通り、息を呑むようなクライマックスに到達することから、紛れもないロックンロールだ。"When I'm Sixty-Four"は、フレッド・アステア"Cheek to Cheek"のようなショウ・ナンバーに、マッカートニーが初めて挑戦した曲。"Ask Me Why"と"There's a Place"は、ミラクルズのブルースに根ざしたヴォーカル・ハーモニーを拝借している。"Please Please Me"は、ロイ・オービソン"Only the Lonely"のドラマと、ビング・クロスビーが戦前にレコーディングした"Please"の全体にみられる言葉遊びを混ぜている。"P.S. I Love You"では、シュレルズ"Soldier Boy"の主題であるラブレターが、意図的に再現されている。"Do You Want to Know a Secret"は、エヴァリー・ブラザーズの曲の旋律の美しさと、ディズニー映画の曲のシンプルさを掛け合わせている。"Hold Me Tight"は、"Twist and Shout"と"Some Other Guy"と"Money (That's What I Want)"の特徴である、強く繰り返されるリズムと、ひっきりなしのコール・アンド・レスポンスを活用している。"Tip of My Tongue"では、バディ・ホリーの肩の力の抜けたカントリー・ポップ・スタイルと、ブリル・ビルディングの商業的な活気を融合させている。"I'll Follow the Sun"は、"Till There Was You"や"A Taste of Honey"風のロマンチックなバラードだ。"I Call Your Name"は、ソウルとブルースのメロディを混ぜたものと、アーサー・アレキサンダーの歌詞、とりわけ"Soldiers of Love"の、思い焦がれるような気持を捉えている。とはいえ当時のビートルズは、ソングライティングにおける自らの潜在能力（それは今にも引き出されようとしていた）には、ほとんど無自覚だったように思える。レノンは後にこう振り返っている。「僕らはただエヴァリー・ブラザーズ風、バディ・ホリーのポップ・ソング風を書いていただけで、それ以上深いことは考えていなかった」＊10。

これらの曲のうちいくつかは、海賊版のテープや、ホーム・レコーディングやセッション・デモに録音が残っているが、当時正式にレコーディングされた自作曲は、インストゥルメンタルの"Cry for a Shadow"だけで、曲名はイギリスで最も人気のあった、ヴォーカル不在の楽器のみを演奏するグループから名付けられた＊11。この曲は、ビートルズの興味深い作曲方法を知る手がかりとなるものである。"Cry for a Shadow"を様々な角度から検証した評論はどれも、緻密な計算と意図的な演奏で裏付けられたシャドウズへのトリビュートであると、評価を同じくしている。

「最初にレコーディングされたビートルズの自作曲"Cry for a Shadow"（作者はジョンとジョージと考えられている）は、クリフ・リチャードのバック・バンドであるシャドウズの、明瞭なアーティキュレーションと、エネルギッシュでありながらも制御された演奏から多くを拝借している。ハンブルク巡業初期に、ビートルズはシャドウズのインスト曲を頻繁に演奏していた。"Cry for a Shadow"の旋律素材は、リード・ギターを使ったスタンダードな弦のトレモロと音色の操作により表現されており、その特徴と反復性の双方において、典型的なものといえる」*[12]

ところが、直接目撃したピート・ベストの記憶によれば、ローリー・ストームがふと口にした言葉をきっかけに、どうも思いつきで偶然できた曲のようだ。

ピート・ベスト「"Cry for a Shadow"は、最初のハンブルク・ツアーの最中に生まれた…カイザーケラーでリハーサル中の僕らにローリーが会いに来た後で、あれはジョージ・ハリスンが、文字通り数分で組み立てたものだ。ローリーはシャドウズの"The Frightened City"のことが、どれだけ好きか僕らに話していたんだ。ジョージがわざとシャドウズのメロディに沿って対旋律を弾くように演奏を始めて…レノンが加わって、僕もビートを刻み始めた。でき上がったのは、あからさまにシャドウズ風のキャッチーな小曲で、みんなすごく気に入ったからレパートリーに加えた」*[13]

レノンとマッカートニーが頭と頭を突き合わせて熱心に作曲する以外にも、このように気軽な状態でビートルズが曲作りをするつもりがあったことは、ソングライターの役割を果たすことに益々彼らが本腰を入れるようになっていた証拠といえる。曲を作る動機にひらめきと努力がどれくらい関わっているかは、書き手により異なるが、より多くの曲を書いて人前で演奏する必要があったことで、ビートルズが私的な出来事や周りの状況─それが取るに足らないものでも─に曲作りの発想を求めていたことは、疑いの余地はほぼない。こうして"Hello Little Girl"は、レノンが母親と出かけた子供の頃の思い出から一部書かれ[14]、"When I'm Sixty-Four"は、マッカートニーの父親を念頭に置いて書かれた[15]。

だがこれらの事柄よりもはるかに不確かなのは、レノン＝マッカートニーによって、一体この時期に何曲書かれたかということだ。控えめに見積もった評価によれば、「1962年の終わりまでに、おそらく20曲から30曲」あったそうだ[16]。多めの試算では、「自作曲は100曲以上ある」とされている[17]。ビートルズ自身はひどくバラバラに見積もっていて、事態をよりややこしくしている。1961年6月に行われたトニー・シェリダンとのレコーディング・セッションに先立ち、プロデューサーのベルト・ケンプフェルトは、様々な宣伝材料に使えるよう、ビートルズに短いプロフィールを提出するよう依頼する。レノンの手書きの短文によれば、彼はこう主張している。「ポールと一緒に数曲書いた」。また、彼の野心は「金持ちになること」と書かれており、「ジョン・W・レノン（リーダー）」と署名が掲載されている。対照的にマッカートニーは、次のように書いている。「ジョン（レノン）と書いた曲─70曲前後」[18]。ちなみに興味深いことにベストは、「ハンブルクに出発する2日前にビートルズに加入するまで、ラグビーをやっていた」と、予想外の宣言をしている。一方でハリスンは、「電気工として3ヶ月働き、ロックンロールを演奏しながらスコットランドをツアーするために、仕事を辞めた」と明かす。何年も後にマッカートニーは、ある程度の誇張があったことを認め、「"Love Me Do"までに何百曲もあったと、よく人に思い込ませようとしていた。あれはやや大げさに言っていた…おそらくいっても4曲くらい─どっちにしろ20曲以下だった」と告白している＊[19]。正確な数がどうであれ（私がリサーチしたところ、インスト曲を含め35曲前後だった）、初期の段階で既に、２つの異なる発展途上のスタイルがそれぞれに表出していた。マッカートニーの外交的な傾向（それは"P.S. I Love You"と"When I'm Sixty-Four"にみられる）と違ってレノンは、物思いにふける内省的な傾向（"I Call Your Name"と"There's a Place"）を見せている。極めて重要なのは、全ての曲が飾り気無く、ライヴ・パフォーマンスを念頭に書かれたことだ。

「それらの曲はビートルズの４人が、３本のギターとドラム・キットでライヴ演奏することができる（実際にされた）ものだった。ヴォーカル・メロディと断続的に歌われるハーモニーが、一定のリズムの上に乗せられ、大抵の場合、始まりと中盤と終わりに、リード・ギターのリフが入っている」＊[20]

当時のポップ・ミュージックに合わせるように、ビートルズの自作曲のほとんどはシンプルなラヴ・ソングで、複雑な感情の分析や個人的な事柄を詳しく説明するのは避けて、ティーンエイジャーの恋愛を描いた、よくある2、3分のものだった＊[21]。とはいえどれも、賢いやり方で作られていた。自作曲の曲名の多くは、マッカートニーの説明によれば次のようなものだった。「最初の頃から開発していたちょっとした技で、"I"、"Me"、"You"を入れて、とても直接的で、個人に向けられているようにした」＊[22]。ところが、１９６２年６月、初めてスター・クラブで６週間出演した後でイギリスに戻って間もなく、ビートルズがパーロフォンとレコード契約を結んだ際には、プロデューサーのジョージ・マーティンは、彼らの自作曲（"Love Me Do"と"P.S. I Love You"）をデビュー・シングルとしてレコーディングし発売することを躊躇する。

ジョージ・マーティン「彼らは、自分たちの曲を数曲演奏しました。"Love Me Do"、"Hello Little Girl"、"P.S. I Love You"、"Ask Me Why"といった曲です。他の曲はほとんど古いものでした。例えば"Besame Mucho"のような…正直言って、どれも感心しませんでした。とりわけ彼らの自作曲には。ビートルズに適した曲を探さなければならなくなると思いましたし、彼らには売り物になるような作曲能力が全く無いと確信していました！」＊[23]

よく知られたことではあるが、マーティンはビートルズの作曲スキルに対する評価を改めることになる――1962年11月、2度目のスター・クラブ出演期間（今度は2週間）の後で、2枚目のシングルのためにビートルズがEMIのアビー・ロード・スタジオに集まった時のことだ。マーティンの当初の計画では、ビートルズにミッチ・マーレイの"How Do You Do It"をレコーディングさせるはずだった＊[24]。だが、ビートルズが"Please Please Me"を演奏するのを聴いてすぐに、売れるポテンシャルがあると気づき、その瞬間からマーティンは、自作曲の録音・リリースを望むビートルズの野心を、100％支持するようになる。

ジョージ・マーティン「まるで底なしに曲が湧いて出るようでした…彼らは子供の頃から遊びながら曲を書いていて、曲の形にさえすればいい素材が大量にあったのです。多くの曲は…最初はあまり出来の良くない萌芽に過ぎませんでした。彼らが"Please Please Me"を最初に私に聴かせてくれた時、あれは全く違う形をしていました」＊[25]

ビートルズ以前、最も成功しているソングライティングのチームは、明確な分業制をとっており、作詞と作曲ははっきり分かれていた。20世紀のポピュラー音楽における最も高名なコンビは、おそらく作曲家リチャード・ロジャースと作詞家ロレンツ・ハート（後にはロジャースとオスカー・ハマースタイン2世）だろう。それだけでなく、他にもコンビは多数存在した——ジョージ・ガーシュウィン（作曲）とアイラ・ガーシュウィン（作詞）、フレデリック・ロー（作曲）とアラン・ジェイ・ラーナー（作詞）、クルト・ヴァイル（作曲）とベルトルト・ブレヒト（作詞）、ジェローム・カーン（作曲）とドロシー・フィールズ（作詞）。ブリル・ビルディングのより新しい作家にも、同様のパターンが見られた——キャロル・キング（作曲）とジェリー・ゴフィン（作詞）、バート・バカラック（作曲）とハル・デヴィッド（作詞）、ニール・セダカ（作曲）とハワード・グリーンフィールド（作詞）。これらのコンビと違ってレノン＝マッカートニーは、2人とも自身の歌詞と曲に対し、最初から、かつ同等の責任を負いつつも、日常的に相手にアドバイスや提案、助けを求めた。従って、発案者の個性が表出しているとはいえ、初期の曲の多くは純粋な共同作業から生まれた（後期の曲にはみられないやり方だ）。実際、ビートルズの音楽を初めて学術的に研究した論考では、「レノンとマッカートニーが、完全に『一緒に』曲作りをしたのは最初の1、2年とはいえ、彼らの曲は共同作業によって書かれたと言ってさしつかえない。満足のいくものを作るためには、お互いが必要だったのだ」と結論づけている*26。

レノンとマッカートニーの協力関係においてハンブルクの果たした役割はといえば、濃縮された、閉所恐怖症を引き起こすほどの密な環境を提供したことだ。そこでは音楽上の話し合いや互いの比較と競争、演奏が毎日のように行われた。リヴァプールでの5人はそれぞれの自宅に住み、会うのも不定期だった。それがハンブルクでは、朝から晩までお互いの顔を見ない日はほとんど無い、といった状態が何ヶ月も続いたのだ。確かに、5度の巡業の度に宿泊所は良くなっていった。インドラとカイザーケラー出演中に滞在したバンビ・キーノの狭苦しい空間から、トップテンの上階の共同生活スペースに移ったビートルズは、スター・クラブの最初の出演期間には、グローセ・フライハイト30番地にあるアパートメントの2階に住むようになった。2度目のスター・クラブ出演期間には、ホテル・ゲルマニア（デトレフ・ブレーマー・シュトラーセ8番地）に滞在し、3度目の出演期間、最後の巡業時のみ、レーパーバーンから800メートル以上離れたホテル・パシフィック（イアー・プフェルデマルクト30・31番地）のシングル・ルームに、各々泊まる贅沢が許された。肩と肩を寄せ合う生活を常に要求されることで、バンドは私生活でも職業上でも関係性を試されながらもそれらを強固なものにしていった。とりわけレノンとマッカートニーには、「至近距離で創作活動をすることで、兄弟間の競争意識のような張り詰めた空気が生まれた…そして実際にコラボレーションすると、ほぼ常に卓越したものが生まれた」*27。

革新性はソングライティングにおける広がりや、服装や外見の変化に留まらなかった。1959年と1960年のリヴァプールには立派な楽器店は少なく、ヘシーズ、ラッシワースズ、クレーンズといった地元の楽器店の品揃えは限られていた。1960年8月にビートルズがドイツへ向けてイギリスを発った時、彼らが携えていた機材は少なかった。彼らがどんな楽器を持っていたかについての確かなヒントがインドラのステージに立つビートルズの宣伝写真に見られる。

「レノンはヘフナー・クラブ40のギター、ハリスンはフューチュラマを持っている。両方ともハリスンの新しいセルマー・トゥルー・アンプに繋がれている。写真のマッカートニーは、手に入れたばかりの右利き用のロゼッティ・ソリッド7（弦は左利き用に張り替えられている）を持っており、エルピコのアンプに差してある。サトクリフはヘフナー333のベースと共にポーズを取り、ベースはベスト所有のワトキンス・ウエストミンスター・アンプに繋がれている。ベスト自身は巨大な26インチのバスドラを含む、自分のプレミア・ドラムセットと一緒に写っている…彼はまた、プレミアのボンゴをキットと一緒に置いている」＊28

いったんカイザーケラーに移ったビートルズは、以前よりも大きくいい店に出世できたことを意識し、他のミュージシャンらを観察したり、彼らとの雑談から得た知恵を駆使して、既存の機材を補填したり置き換えるための新しい楽器の獲得に走るようになった。最初に追加されたのは、サトクリフの購入したGA‐40レスポール・アンプだった。レノンはすかさず1958リッケンバッカー325と、フェンダー・デラックス・アンプを買った。前者はシャンツェンシュトラーセにあるムジークハウス・ロットホフで分割払いで購入したものだが、それから4年の間、ライヴとレコーディングで彼が一番に選ぶギターになる。トップテン出演のためにビートルズが2度目のハンブルク巡業を行った際は、マッカートニーが街の中心にあるスタインウェイの店に、左利き用のヘフナー500／1（ヴァイオリン）ベースをオーダーした。レノンのリッケンバッカーとマッカートニーのヘフナーは、切っても切れないそれぞれのトレードマークとなる。ハリスンも同じ店でフェンダー・ストラトキャスターを購入しようとしたが失敗し、リヴァプールで売られていた中古の1957グレッチ・デュオ・ジェットに落ち着く。地位と収入が上がるにつれて、ビートルズがリヴァプールとロンドンで楽器を購入する機会が増えたが、ハンブルクで選んだ楽器こそ、彼らの音楽上のアイデンティティを語る上で、必要不可欠かつ代表例であり続ける。

ピート・ベスト「僕らはよくハンブルクをうろついて、脇道に隠れるようにしてあった小さい楽器店をいくつも見つけた。リヴァプールでは手に入らない機材を、ハンブルクで入手できることが分かった。例えば僕はジルジャン・シンバルをあそこで数枚買ったけど、リヴァプールに戻ると、みんなに『一体こんなのどこで買ったんだい？』と聞かれるんだ。同じことがギターでも起きた。ジョンがあるリッケンバッカーを見つけてね…彼はぞっこんになってしまい、一緒に連れて帰って来たのがあのギターで、リヴァプールの人々の注目を集めた。『何だあれは。ジョンは何を弾いてるんだ？あんなの見たこともないよ』って感じにみんなそうなったよ」*[29]

曲作りの能力の開花と新しい機材の採択は段階を経て進んだが、ビートルズの歴史で鍵となるある出来事は突然に、脈略もなく起こった。1961年11月、リヴァプールのホワイトチャペルにあるノース・エンド・ミュージック・ストアーズ（NEMS）のゼネラルマネージャー、ブライアン・エプスタインがキャヴァーンを訪れ、ビートルズに自己紹介をしたのだ。きっかけは、エプスタインが自分の店で何度も在庫の問い合わせを受けた“My Bonnie”（数ヶ月前にハンブルクでビートルズがトニー・シェリダンと録音）だった。エプスタインはレコードをオーダーし、数日のうちに100枚近く売り上げていた。あまりの人気に興味をそそられた彼は、バンドに会うことを決め、その分野で全く経験が無かったにも関わらず、マネージャーをやらせてくれないかと申し出る。エプスタインの決断は、保守的な彼の家族や仕事仲間だけでなく、ビートルズ自身のミュージシャン仲間や友人を驚かせる。「立派なブライアン・エプスタインが突然『無骨な』ロックンロールの世界に侵入してきたことは、多くの地元の第三者をびっくり仰天させた」＊[30]。ミドルクラスに属するユダヤ人一家の長男である彼のバックグラウンドには、ポピュラー音楽の世界との共通点は多くない。いくつもの私立の学校や大学で教育を受けた後、1952年に陸軍に召集され、2年間の国家奉仕を強制されたが、健康上の理由から10ヶ月で除隊。1956年にロンドンの王立演劇学校（RADA）で短期間学ぶも翌年には退学して、一族の商売に加わるためリヴァプールに戻っていた。加えてゲイの男性だったエプスタインは、当時イギリスではホモセクシュアルな行為がまだ違法だったため、私生活を秘密に包み、極度のストレスにさらされていた＊[31]。このような次第であったが、1961年12月、ビートルズはエプスタインの申し出に同意し、1962年1月、27歳のビジネスマンである彼が、バンドの活動を正式に運営するようになる。最初の5年間の契約では、ビートルズの収入の10％、1人につき年間1500ポンドを上限とし、1500ポンド以上は15％（訳注：マーク・ルイソン著『ザ・ビートルズ史上』では20％）をエプスタインが受け取ることになった＊[32]。

ビートルズと前マネージャー、アラン・ウィリアムズの関係は、コミッション未払いの有無でもめるうち、1961年夏には崩壊していた。自分たちで交渉してトップテン出演の契約を結んだので、ウィリアムズに金を支払う必要はないとビートルズは主張。ウィリアムズの方は、その出演がオファーされたのは自分がビートルズとカイザーケラーの間に結んだ出演契約を通してなので、いつも通り10％のコミッションを受け取るのは当然の権利だと断言した。ウィリアムズが1961年4月にビートルズに書いた手紙には、彼の恨みがたっぷりにじみ出ている。以下はその抜粋だ。

「思い起こさせてあげましょうか？　全員すっかりうぬぼれ屋になってしまったようだが、俺が契約を取って来なければ、ハンブルクの匂いを嗅ぐことさえもなかったと…合意した契約から抜け出しやがって、とにかく俺は怒っている。金を払わない気なら、いくつか法的手段に訴え、2週間も経たないうちにドイツから追放してさしあげましょう。はったりだなんて思うなよ…いいか、ボーイズ。俺はリヴァプールの他の奴ら全部合わせてもできないようなことを、お前らにしてやれるんだ。お前さんたちと仲違いはしたくないが、約束や契約を守れない人間は、誰であれ受け入れられない。絶対にまともな若者たちだと信じていたから、こっちはお前らの音楽を誰も聴きたがらない時にお前らを推したんだ」＊33

ウィリアムズは結局脅しを実行することはなかったが、エプスタインが彼に助言を求めた時の答えは、そっけなかった。「まあいい若者たちだが、契約となると予測不能な動きをする。サインをする時は気をつけた方がいい。全く隙の無いようにするんだ。俺の率直な意見はな、ブライアン。こうだ―少しも関わらない方がいい」＊34。ウィリアムズの忠告に反し、エプスタインは先へ進めることを決め、すぐにバンドのイメージ改革に着手した。というのもエプスタインによれば、ビートルズのイメージは「あまりきちんとしていなくて、あまり清潔ではない」ものだったからだ＊35。彼は特定の行動を禁じたが、そこにはステージ上での喫煙、飲酒、食事、悪態をつくことが含まれていた。青いモヘアのスーツと白シャツと黒いネクタイが、レザー・ジャケットとジーンズに取って代わった。エプスタインはまた、ビートルズのライヴ演奏も合理的に再編成し、セットリストを前もって決めるよ

1962年12月、スター・クラブでの最後の出演の後、ビートルズは1966年までドイツに戻らなかった。1966年ブラボー・ビートルズ・ブリッツトゥルネー(訳注：稲妻ツアーの意味) の最終公演地は、6月26日、ハンブルクのエルンスト・メルク・ハレだった

う要求した*[36]。

ハンブルクに戻ったビートルズには、既に明らかな変化が見られた。マンフレッド・ワイスレダーの新店スター・クラブの魅力に引き寄せられたエプスタイン（キャパ2000席、ギャラは1週間で1人あたり500マルク［41〜65ポンド相当］）は、ペーター・エックホーンとの契約でトップテン・クラブに戻らなければならなかったビートルズをどうにか自由にする。1962年4月にワイスレダーの店が開店すると、彼らは「ロックン・トゥイスト・パレード」のヘッドライナーとなる。ビートルズの音楽は変わらなかったとはいえ、ドイツ滞在は他の面でエプスタインの野心を反映するように、変化していった。ビートルズは初めて、新マネージャーと一緒に、車でも電車でもなく空路でイギリスからドイツに向かった。この態勢最初のドイツ滞在が1ヶ月を過ぎた頃、ビートルズはロンドンにいるエプスタインから次のような電報を受け取った——「おめでとうボーイズ。EMIがレコーディング・セッションを望んでいます。新しい曲をリハーサルしてください」。

最初のスター・クラブ常駐公演には他にも、特筆すべき点がある。7週間の出演期間中にビートルズは、同店に出演する彼らの憧れのアメリカ人スター2人に会うことができたのだ。リトル・リチャードとジーン・ヴィンセントの自国での人気は、1960年代初頭にはかなり陰りを見せていた。リッキー・ネルソン、ボビー・ヴィー、コニー・フランシス、ボビー・ライデル、フランキー・アヴァロン、タブ・ハンターといった国内の「ティーン・アイドル」が台頭してきた結果だ*[37]。こぎれいな格好をし、お行儀の良いこういった歌手は、初期のロックンロール・スターの多くが評判を落とす行為に益々走るようになったために、彼らに取って代わっていたのだ*[38]。ところがヨーロッパの観客にとって初期のロックンローラーは物議を醸す彼らの私生活に関わらず（またはそのおかげか）、伝説の存在であり続けた。長年リトル・リチャードが憧れだったマッカートニーと、ヴィンセントに夢中だったレノンの気持ちは、スター・クラブで個人的に接触したことによって間違いなく強まったが、彼らは早い段階から、ライヴとレコードは2つの張り合う、時に相反する行為であることに気づいていた。

ジョン・レノン「リトル・リチャードからジェリー・リー（・ルイス）まで、生で観たパフォーマーに対して、僕はいつも少しがっかりしていた。レコード通りに絶対聞こえないから。ハンブルクでジーン・ヴィンセントが"Be-Bop-a-Lula"をやった時も、レコード通りじゃなかった。ジーン・ヴィンセントに会って、ライヴを見るのは興奮したけど、あれは"Be-Bop-a-Lula"ではなかった。僕はレコード好きなんだ」*[39]

1962年11月、2度目のスター・クラブ常駐公演のためにハンブルクに戻ると（この時ドラムはベストではなくリンゴ・スター）、エプスタインはアストリット・キルヒヘルに、ラインハルト・ウルフのスタジオで、編成を新たにしたビートルズを撮影するよう依頼する。スターがビートルズの一員としてハンブルクで演奏したのは、スター・クラブでのたった4週間で（対するベストは、インドラ、カイザーケラー、トップテン、スター・クラブでビートルズと共に8ヶ月出演）、ドイツでレノン、マッカートニー、ハリスン、スターが一緒にステージに立つ写真は、比較的少なかったからだ。存在する数少ない写真には、1962年12月のビートルズ最後のドイツ巡業中に撮られたものがある。"Love Me Do"がイギリスのトップ20にチャートインし、ポップ・スターに昇格した自分たちの新たな地位を拡大すべく、早くイギリスに戻りたくてたまらなかった頃だ。ベルリンの若者ヨアヒム〝ダニー〟ウォールが撮影したそれらの写真からは、ビートルズの外見がいかに変化したか、はっきり見て取れる。スター・クラブ名物のマンハッタンの夜景が描かれた壁（描いたのはデザイナーでイラストレーターのエルヴィン・ロス）を背景に、ビートルズはチームで溢れんばかりの愉快な個性を体現している。スターはタートルネックのセーターを着ている。マッカートニーはボタンダウンのシャツにネクタイとベストを着用し、ハリスンとレノンはジャケットとセーターを白いシャツの上に着ている。何年もしてからレノンは、ビートルズが急激にスターの地位に上り詰めたこの重要な時期を、残念そうに振り返っている。

ジョン・レノン「僕らはリヴァプールやハンブルク、その他のダンスホールのパフォーマーで、最高に素晴らしいものを生み出していた。ストレートなロックを演奏し、イギリスで僕らにかなうものは誰もいなかった。それなのに…尖っていた部分をばっさり切り落とされてしまった。ブライアンが僕らにスーツだのなんだのを着せ、それですごく、すごくビッグになった。でもそれは結局、セルアウトしたということ。分かるよね。音楽は死んでしまった…1、2時間、演奏時間を減らし…20分にして、毎晩同じことを20分繰り返した。あの時ビートルズの音楽は死んだ…成功するために自分たちを殺した。僕らはいつもクラブ時代を懐かしんでいたよ。あの時代こそ本物の音楽を演奏していたから」*40

6　遠い声、遠い部屋

ハンブルクのクラブに出演するイギリスのアーティストは、ビートルズが初めてではなかったし、インドラ、カイザーケラー、トップテン、スター・クラブだけが、ハンブルクでライヴ演奏を聴かせる店でもなかった。１９５０年代、ハンブルクの人々は、日々ラジオ（ＢＦＮイギリス軍放送網）を聴いてジャズとスウィング（１９３０年代のナチス政権下には、「好ましくない」「堕落させる」音楽と禁じられていた）に対する愛着を強めており、それをきっかけにハンドトゥーフ（The Handtuch）、ニューオーリンズ（The New O'leans）、リヴァー・カゼマッテン（The River Kasermatten）、レムター（The Remter）、バレット（The Barett）、ヴィンターフーダー・ファールハウス（The Winterhuder Fahrhaus）という数多くの店で、定期的にライヴが行われるようになった。最も繁盛していたのは１９５９年4月に開店したコットン・クラブで、ドイツをはじめヨーロッパ中のミュージシャンを出演させ、キャヴァーンと違い、ジャズ・クラブ専門店であり続ける。ロンドンを拠点にしていたクリス・バーバー・ジャズ・バンド（シングル“Petite Fleur”が１９５９年にドイツでヒット）はとりわけ大人気で、一時期ハンブルクは、「自由ハンザ都市」ではなく「自由バーバー都市」と呼ばれそうな勢いであった。ハンブルクのジャズ・コミュニティは、決して消滅することはなかった—例えば、昔からシュタットパルク・フライリヒトビューネで開催される屋外コンサートや、夏の間にプランテン・ウン・ブローメンで行われる、様々な音楽やエンターテインメントのイベントも継続されていた。とはいえ、海外からのロックンロールが人気であることをグローセ・フライハイトとレーパーバーンのクラブが証明すると、古くからある店がそれに追随して新しい店が増えたため、ジャズの聴き手が減り始めたのは確かだ。

新しい店、その出演者、見に来る客が、ハンブルクの「シーン」を構成するようになる。音楽上の概念でシーンは、音楽が演奏され、話題になり、磨かれ、適応され、評価される、場所または複数の場を意味する。そこでは、新しいアイディア、アプローチ、レパートリーが試され、受け入れられ、拒絶され、観客と出演者は共同制作者とみなされる。何よりも、シーンには活気がある。シーンに関わる人々は、受け身の客ではなく積極的な関係者だ。ビートルズがハンブルクのシーンの中心にいたことは疑いの余地がないが、ビートルズが全てという訳でもなかった。実際、多くの解説者の見立てでは、ハンブルクのシーン勃興に最初に貢献したのは、トニー・シェリダンだ。

ロンドン近辺のクラブでロックンロールを仕事にしようと、シェリダンがノリッジの自宅から引っ越したのは、1950年代半ば、17歳の時だ。コンウェイ・トゥイッティ、フレディー・キャノン、ジョニー・プレストンに音楽的影響を受けたと語る彼は、一時はヴィンス・テイラー・アンド・ザ・プレイボーイズのリード・ギタリストで、時折ヴォーカルも務め、BBCテレビの『オー・ボーイ!』に定期的に出演し（イギリスのテレビ番組で、生でエレキ・ギターを最初に弾いたのは自分だと、シェリダンは主張している）、エディ・コクランとジーン・ヴィンセントの1960年春のUKツアーの前座を、ビリー・フューリー、ジョー・ブラウン、ジョージィ・フェイム、ヴィンス・イーガー、ジョニー・

ジェントルと共に時折務めもした*[1]。だがシェリダンは、紛れもない音楽の才能に恵まれながらも、予測不能でしばしば暴力的な個性を発揮し、プロモーターや仲間のミュージシャンをうんざりさせていた。「ほぼ全ての出番に遅刻し、よくギターを持ってくるのを忘れ、歌詞を忘れ、興行主を怒らせても、全く意に介さなかった。遂にはテレビもBBCも彼を全く起用しなくなった」*[2]。

ところがこの不安定さが、ハンブルクでは断然有利に働き、シェリダンのステージ上の挑発的な態度がドイツ人の観客を喜ばせる。瞬く間に彼はハンブルクの有名人になり、続く3年の間ほぼ当地に滞在し、出演する店のランクを着実に上げていった。1960年10月、彼はカイザーケラーからトップテンへと誘われる。1962年4月には、トップテンから（カイザーケラー上階のストリップ劇場スタジオXで、短期間の出演を経て）スター・クラブに移動していた。ヴォーカリストとして有名なシェリダンは、ギターの腕前も同じくらい優れている。アストリット・キルヒヘルの記憶によれば、「ジョージ（・ハリスン）はトニーを、概ねギタリストとして見ていました…ビートルズはよく称賛を込めて、彼のプレイの話をしていました。特にジョージです。当然ながら彼は、実に多くをトニーから学びまし

ハンブルクの音楽シーンにおいて、トニー・シェリダンほど高く評価された者はいなかった。時折シェリダンのバック・バンドを務めたビートルズは、ステージだけでなく、彼らにとって初めて商業的にリリースされた作品で、彼をサポートした

た」*3。加えて彼は、後にジョン・レノンとジェリー・マースデンが真似た、ギターを高く持ち、足を開いて弾くスタイルでも知られる*4。後からハンブルクに来たミュージシャンの卵の多くと、さして年齢が違わないにも関わらず、シェリダンはテレビ出演や長年のツアー経験、多岐にわたるレパートリーから、非常に高い評価を得ており、年上の優れた先駆者と見られていた。

「この期間、彼以上にビートルズに影響を与えた者はいなかった。リトル・リチャードのB面曲からアーバン・ブルースまで、トニーはありとあらゆる知られざる曲をやった。ボビー・ダーリン"Mighty, Mighty Man"や"I'll Be There"のごきげんなカヴァーや、"When the Saints Go Marching In"、"Fever"、"My Bonnie"といったスタンダードも演奏した。ビートルズは"Besame Mucho"を彼から拝借しただけでなく、シェリダンがライヴの最後にいつもやっていた、ビル・ヘイリーの"Skinny Minnie"もくすねた。シェリダンは、重要な曲を知る歩く百科事典のようだった…ショウが終わるとビートルズは毎晩シェリダンのライヴへ行き、文字通り彼の足下で、ヒントとなるもの、歌、リックやリフといった、自分たちのパフォーマンスを面白くさせるものは、何でもいただこうとした」*5

時を経るにつれ両者の力関係は変化したが、シェリダンが（実物でも象徴としても）重要であることには変わりなく、ハンブルクでいかにビートルズが進歩したか、ポール・マッカートニーが回想した文からも、それがよく分かる。「僕らが上手くなるにつれ、他のバンドが観に来た…トニー・シェリダンが来た日には、栄誉に勝る栄誉だった」*6。

しかし、ハンブルクで初めて演奏したリヴァプールのグループは、ロックンロールとはほど遠い、オール・スティール・カリビアン・バンドだった。これはアラン・ウィリアムズの関係者であるロード・ウッドバインが結成したバンドで、1948年にトリニダードからリヴァプールにたどり着いたウッドバイン（移住時の名前はハロルド・フィリップス）の他に、リヴァプールの西インド諸島コミュニティ出身の4人の主要メンバー、エヴェレット、オット、ボーンズ、スリムがいた。イギリス初のスティール・バンドの1つに数えられている彼らは、ウッドバインのニュー・コロニー・クラブ（New Colony Club）の専属バンドだっただけでなく、ウィリアムズのジャカランダや、近くのアイアン・ドアー（Iron Door）に出演し、1960年初頭にはハンブルクに招かれる。オール・スティール・カリビアン・バンドはハンブルクからウィリアムズに手紙を書き、イギリス人アーティストにも出演の可能性があることを助言していた。このやり取りがウィリアムズ初のドイツ訪問に繋がり、彼がブルーノ・コシュミダーに初めて会うきっかけを作ったのだ。この面談で両者は、マージーサイドのロックンロール・バンドがハンブルクで演奏する可能性について話し合ったとはいえ、何も取り決めはなされず、後にロンドンのトゥーアイズで偶然会った際に、デリー・アンド・ザ・シニアズをカイザーケラーに連れて行き、トニー・シェリダン・アンド・ザ・ジェッツの代わりに出演させることが正式に決まった。

主にリヴァプールのハイトン地区出身のメンバーから成るデリー・アンド・ザ・シニアズ（バンド名はアメリカのダニー・アンド・ザ・ジュニアーズから命名）は、1959年11月に結成された。リーダーはサクソフォン奏者のハウイー・ケイシーで、イギリスのポピュラー音楽の大半が絶対的に白人で占められるなか、7人編成のこのバンドには、黒人のリード・シンガー、デリー・ウィルキーが在籍していることで有名だった*7。リトル・リチャード、ラリー・ウィリアムズ、ファッツ・ドミノのカヴァーを中心とした演奏曲によって、骨のある刺激的なロックンロールと、印象に残るライヴ・パフォーマンスを提供するバンドとして評価されていた。地元のプロモーター、サム・リーチは、ウィルキーを「俺の見立てではリトル・リチャードと同じくらいいい」、リード・ギタリストのブライアン・グリフィスを「間違いなくリヴァプールの輩出した最良のギタリスト」と評している*8。当時、他のメンバーとしては、フィル・ホワイトヘッド（ベース）、スタン・フォスター（ピアノ）、ビリー・ヒューズ（リズム・ギター、ヴォーカル）、ジェフ・ウォーリントン（ドラム）がいた。ちょうど彼らは、実入りもアクセスも良いブラックプールでの夏期興行の機会を取り逃がしていたので、数週間のハンブルク巡業は、その穴埋めのためにも好機と捉えられた。カイザーケラーの店内に好印象を抱いた彼らであったが、住環境を見せられたとたん、げんなりすることになった。

ハウイー・ケイシー「リヴァプールで見たどのクラブよりもどでかくて、内装は美しく、ステージも大きかった。どこに泊まるのか聞くと小さい2部屋に通され、シングル・ベッド2台、ソファと椅子何脚かだけが置いてあった。寝具が何も無かったから自分たちのコートを布団代わりにした。僕は巨大なユニオン・ジャックを見つけたから、それにくるまった」*9

コシュミダーとの1ヶ月間の契約が終了し、代わりにローリー・ストーム・アンド・ザ・ハリケーンズがやって来ると、デリー・アンド・ザ・シニアズは短期間レーパーバーンのキャサノヴァ（The Cassanova）に出演し、ストリッパーの後ろでバックグラウンド・ミュージックを奏でる。アメリカ海軍が定期的にハンブルクに寄港するのに伴い、アメリカ人水兵がザンクト・パウリのバーやクラブに大挙して押し寄せるようになり、一時的により多くのエンターテイナーが必要となったのだ。1960年10月に地元に戻った彼らが、二度とハンブルクで演奏しなかったことは、ハンブルクで最初に演奏したリヴァプールのロックンロール・バンドとしての歴史的価値を考えれば、皮肉と言わざるを得ない。メンバーのほとんどが他のグループに移籍する1962年6月まで、彼らはハウイー・ケイシー・アンド・ザ・シニアズの名で、リヴァプール近辺を中心に演奏活動を続けた。

これまで述べてきた通り、ローリー・ストーム・アンド・ザ・ハリケーンズはリヴァプールの重要バンドであると、多くの人々は見ていた。彼らがウィリアムズの手配でハンブルクに行ったということは、このドイツの都市が、音楽上目指すべき重要な場所であると、世間に宣言したようなものだ。さらにいえば、カイザーケラーにおける彼らとビートルズの常駐公演を告知するポスターを見れば、どちらが目玉であるか疑いを挟むことは難しい。「ブルーノ・コシュミダー・プレゼンツ・オリジナル・ロックンロール・バンド」の見出しの下には、「ローリー・ストーム・アンド・ヒズ・ハリカン（ポスターの原文ママ）」の文字が、広告の一番下に書かれた取るに足らない情報―「+ビートルズ」を、圧倒するような大きさで躍っている。メンバー編成とグループ名を様々に変えながらも、1958年初頭からローリー・ストーム・アンド・ザ・ハリケーンズは活動していた。綿のセールスマン見習いで優秀なスポーツマンでもあったストーム（アラン・コールドウェル）は吃音を患っており、どもりがちであったが、歌う時には全く症状がでなかった。彼がリーダーを務めるバンドは、アル・コールドウェルズ・テキサンズ、レイヴィング・テキサンズ、アル・ストーム・アンド・ザ・ハリケーンズ、ジェット・ストーム・アンド・ザ・ハリケーンズと発展し、最終的に1959年後半にバンド名が落ち着き、メンバーもストーム（ヴォーカル）、ジョニー〝ギター〟バーン（リード・ギター）、タイ・ブライアン（ギター）、ルー・ウォルターズ（ベース、ヴォーカル）、リンゴ・スター（ドラム）に固定された。彼らのレパートリーもビートルズと同様、よく知られたロックンロールのスタンダード曲（"Johnny B. Goode"、"Reelin' and Rockin'"、"Hallelujah I Love Her So"、"Whole Lotta Shakin' Goin' On"）のカヴァーに、比較的知られていない曲（ボ・ディドリー"I Can Tell"、ベニー・スペルマン"Fortune Teller"、ジーン・ヴィンセント"Say Mama"）が混じっていた。"Let It Be Me"、"Summertime"、"Beautiful Dreamer"といったソフトな曲は、ルー・ウォルターズがリード・ヴォーカルを務めた。

ローリー・ストーム・アンド・ザ・ハリケーンズの人気は、ステージ上のイメージによるところが大きい。全員が芸名を使い、お揃いのピンクのスーツに身を包み、ライバルのほとんどがカジュアルな装いをする中で目立っていた。長時間のステージは、バトリンのホリデー・キャンプでの3ヶ月間の常駐公演（1週間につき16時間）に比べれば、相当きつかったとはいえ、ハンブルクでの最初の8週間の巡業中、彼らはあっという間に、新しい環境に慣れた。

リンゴ・スター「ドイツ人は信じられないほど最高だったよ。気に入ってくれると、ビールをケース丸ごとくれるんだから。金を持ってる人々なんかは、シャンパンをくれる。ギャングたちもクラブにやって来て、銃を持ってるんだけど、僕らは誰も今まで銃を見たことなかった。みんな店に入って来てバーに座って、スツールから転げ落ちるまで飲み続ける…外にエスコートされる人なんていなくて、文字通り店から蹴り出されてた」*10

興味深いことに、ローリー・ストームのバンドがカイザーケラーのヘッドライナーだったにも関わらず、ユルゲン・フォルマー、クラウス・フォアマン、アストリット・キルヒヘルが直感で惹かれたのは、ビートルズの方だった。さらにこう考えれば、同じくらい面白いといえないだろうか—若いドイツ人3人が注目したのが、ローリー・ストーム・アンド・ザ・ハリケーンズだったら、どのような結果になったのかと。ところが現実では、彼らは世間が予想したような成功を手にすることなく、1962年8月にスターがビートルズに加入するために脱退すると、両バンドの形勢逆転を決定的なものにした。

ジェリー・アンド・ザ・ペースメイカーズは、1960年にリヴァプールからハンブルクに渡った、4番目にして最後のバンドだ。ビートルズとローリー・ストーム・アンド・ザ・ハリケーンズが帰郷すると、ウィリアムズは鉄道の配達員をしていたジェリー・マースデン（ギター、リード・ヴォーカル）、彼の兄のフレッド・マースデン（ドラム）、レス・チャドウィック（ベース）、マックの名で知られるアーサー・マクマホン（ピアノ。1961年にアンダーテイカーズのレス・マグワイアに取って代わられる）を、カイザーケラーの後任に充てる。後にマースデンは、この旅を「本物のミュージシャン人生を歩む出発点」と説明している*11。それまで彼らはしばらくリヴァプールやその近郊で熱心に演奏活動をしており、1960年10月にはキャヴァーン初出演も果たしていた（ビートルズよりも4ヶ月近く早い）。バンド（特にマースデン）は、当時の国内のポピュラー音楽の型通りのイメージに沿った、何でもできる「ハッピーなイメージに溢れる」エンターテイナーと地元では思われていた。「北部の女の子たちは彼を、新たなジョー・ブラウンまたはトミー・スティールと見ていた…ユーモアのセンスが最高で」—このジョン・レノンの言葉は、多くの人が想像していた、バンドの目指す方向性をよく表している*[12]。我々リスナーを代弁するかのように、ロイ・オービソンは彼をこう評している「子供だったら誰しも大好きになるだろう青年…あの鬼のように強力な笑顔は、その声を聴くまでもなく彼を売れっ子にしてしまう」*[13]。だが実際は、ジェリー・アンド・ザ・ペースメイカーズの典型的なハンブルクのセットリストは、ロックンロール曲（"Maybellene"、"Slow Down"、"A Shot of Rhythm and Blues"）、バラード（"You'll Never Walk Alone"、"Summertime"）、たまの自作曲（"Don't Let the Sun Catch You Crying"）の混合で、ビートルズとさして変わらなかった。さらに、ビートルズがそうであったようにマースデンは、夜は忙しく、昼間は何も無かったことで、曲作りに励むようになる。「僕らには圧倒的に曲が足りなくて…日中は予定が無かったから、何曲か書いてみた。必要は発明の母と言うだろ」*[14]。

デリー・アンド・ザ・シニアズ、ビートルズ、ローリー・ストーム・アンド・ザ・ハリケーンズ、ジェリー・アンド・ザ・ペースメイカーズの体験から、彼らの後を追うようにリヴァプールから大量のバンドがハンブルクに流れ込むと予想された。だが、ウィリアムズとビートルズや他のバンドの間の仕事上の関係が悪化すると、彼がマージーサイドのバンドを送り込み続けられるのかどうか怪しくなる。と同時に、インドラ、カイザーケラー、トップテンの客が増えるにつれ、他の起業家がコシュミダーとエックホーンの先例にならい、グローセ・フライハイトとレーパーバーン地区に新たに開店したり店を改装して、ロックンロールのライヴを提供するようになる—タンツ・クラブ（The Tanz Club）、ブロックヒュッテ（Blockhutte）、オーケー・クラブ（The ok Club、バンビ・キーノの跡地にできた）、ブラウアー・ペーター（Blauer Peter）といった店だ。リヴァプールをまだあきらめていないとはいえ、ハンブルクのクラブ・オーナーらは、イギリスの他の地域、とりわけロンドンに新たな出演者を求めるようになる。舞い戻ったマージーサイドのバンドもあり、4月にビートルズ、8月にジェリー・アンド・ザ・ペースメイカーズが、どちらもトップテンに出演したが、1961年の大半、ザンクト・パウリから聞こえてくる音楽は、リヴァプール訛りに独占された訳ではなかった。実際、その年一番のイギリス人出演者は、(トニー・シェリダンと並び)ピアニストでヴォーカリストの、オックスフォードから来たロイ・ヤングだった。

商船船員の仕事をした後、1950年代末にロックンロールをやるようになったヤングは、シェリダン同様、イギリスで数度テレビ出演の経験があり、『オー・ボーイ!』や『ドラムビート』といった番組で、「イギリスのリトル・リチャード」と宣伝されていた。1960年と1961年には一連のシングルを出し、そのうちのいくつかは自作だった("Big Fat Mama"、"Plenty of Love")。どれもヒットこそしなかったが、イギリスで数度テレビ出演の経験があり、ブギウギ・スタイルの非常に優れたライヴ・パフォーマーとして高い評価を受けていた。彼はトップテンで、間に合わせで集められたミュージシャン(一時はリンゴ・スターを含む)と共に、ザ・ビート・ブラザーズというありふれたバンド名で、シェリダンのバック・バンドを務めた。それでも1962年4月にビートルズがスター・クラブに初出演する頃には、ヤングはソロ・アーティストとして確固たる地位を確立しており、ビートルズはヤングに頼み、毎晩ステージでバック・ヴォーカルと伴奏を務めてもらった。両者の共演の与えるインパクトはすさまじく、ブライアン・エプスタインがヤングに、ビートルズ加入を勧めたと噂になったほどだ*15。

ジョン・レノンは生涯を通して幾度も、1960年代初期にビートルズと共通の音楽の趣味を持つ者はとても少なかったと言っている。「リヴァプールで僕らはすごく独自の、アンダーグラウンドな存在に思えた。昔のレコードばかり聴いて…誰もそういったものを聴いている奴はいなかった。ニューカッスルのエリック・バードンとロンドンのミック・ジャガーを除いて。それほど孤立した状態だった」＊16。この発言にどれ程の真実が含まれているかはさておき、イギリスや他の国から集まった出演者がハンブルクに滞在したことによって生み出された直接の成果の1つに、ビートルズは音楽の趣味と野心において、決して唯一無二の存在ではなかったと証明したことが挙げられる。ポピュラー音楽の歴史が繰り返し明らかにしてきた通り、新しい方向性というものは、必ず既存のスタイルや文化が出会い、衝突することで生まれてきたのだ。「音楽はその可鍛性により、常にたやすく土地から土地へと輸入と輸出を繰り返してきた…実際、そのような過程こそ、新しい音楽形態の創造と普及の中心にあるのだ」＊17。レーパーバーンから台頭した新しい音楽の形であるビート・ミュージックは、決して1つの演者や特定の店の直接の産物ではなく、様々なバックグラウンドを持つミュージシャンが数年に渡り多数の店で演奏してきたことで、大勢の貢献が重なるようにして積もった結果できたものである。

それでもなお、1960年から1963年の間にハンブルクで演奏したバンドのほとんどは、リヴァプール出身だった。最初の波を追って後から来た者の中で、突出しているバンドが3つある。ハンブルクは彼らの音楽とバンド編成に影響を与えたが、そのドラマチックで予想外の結末は、他の多くのバンドも共通して味わうものだった。最初のバンドはサーチャーズで、1961年末まで彼らはジョニー・サンドンのバック・バンドに過ぎなかったが、独立して1962年7月にはスター・クラブ初出演を果たし、それから12ヶ月の間に何度も来訪した。トニー・ジャクソン（ヴォーカル、ベース）、マイク・ペンダー（リード・ギター）ジョン・マクナリー（リズム・ギター）クリス・カーティス（ドラム）は、クローヴァーズ“Love Potion No. 9”、ドリフターズ“Sweets For My Sweet”といった曲のカヴァーで抜群のヴォーカル・ハーモニーを聴かせている。後者はジョン・レノンがリヴァプールのグループで最も好きな曲だとしょっちゅう口にしていたもので、１９６３年７月に最初のシングルとして発売されるとイギリスのチャートで首位に輝き、バンドはイギリスのツアーに集中するため、あわてて予定済みだったスター・クラブの夏期巡業をキャンセルしたほどだ。

マイク・ペンダー「実は僕らが〝Sweets For My Sweet〟を見つけたのは、ハンブルクだった。ハンブルク近辺のレコード店で出会って、トニーのヴォーカルに合うと思ったからやることにした。僕らはみんな、ああいった初期のアメリカのロックンロールのようなレコードが大好きだった。僕らのスタイルにぴったりだった。３声ハーモニーで、甘くキラキラした感じで時代にも合っていた」＊[18]

サーチャーズ—マイク・ペンダー、クリス・カーティス、ジョン・マクナリー、トニー・ジャクソンは、しばらくの間、ビートルズに次いでリヴァプール第二のバンドと見られていた

1964年7月、ジャクソンがバンドを脱退すると、代わりに加入したのは、珍しいことにリヴァプール出身のミュージシャンではなく、元クリフ・ベネット・アンド・ザ・レベル・ラウザーズのフランク・アレンだった（サーチャーズは1962年と1963年の間、スター・クラブでアレンに何度も会っていた）。

ビッグ・スリーは、キャス・アンド・ザ・キャサノヴァスからヴォーカリストのブライアン・カッサーが脱退した後、残りのメンバーで1961年に結成された。エイドリアン・バーバー（リード・ギター）、ジョニー・グスタフソン（ヴォーカル、ベース）、ジョニー・ハッチンソン（ヴォーカル、ドラム）がスター・クラブに初めて出演したのは1962年7月。バーバーは1ヶ月の常駐公演の後でバンドを去るもハンブルクに残り、クラブのサウンド・エンジニア兼ステージ・マネージャーの道に進み（彼こそ、後に1962年12月のスター・クラブにおけるビートルズの最後のライヴを録音した人物だ）、代わりに元ハウイー・ケイシー・アンド・ザ・シニアズのブライアン・グリフィスが加入した。大音量で攻撃的なステージ・パフォーマンスと、他人に屈しない態度で大人気になった彼らの演奏する"Some Other Guy"と"What'd I Say"は、ハンブルクにいる他のバンドから、これぞ決定的なバージョンと見られていた。ビッグ・スリーとしばしば一緒に歌で共演したシラ・ブラックは、ハッチンソンを「リヴァプールを代表するバンドの、代表的なドラマー」と説明している＊19。キャヴァーンであれスター・クラブであれ、ビッグ・スリーは最強のトリオだった。

エイドリアン・バーバー「僕らはどんどんハードに、ハードになっていった。ジョニー・グスのベース用にベース・キャビネットを作ったら、すごくいい音になって…ハッチは、アメリカの黒人のレコードのようにドラムを叩けた。彼はよりハードな音を出すために、スティックの反対側で叩いていた。それをビートさせた僕らのサウンドは、多くの女の子たちにとってはハード過ぎたけど、ハードコアなロックンロールという点では、僕らにかなう者はいなかった」＊20

3つ目のバンドである、スウィンギング・ブルー・ジーンズが1962年秋にスター・クラブに初めて出演した時、既に彼らは比較的リヴァプールの音楽シーンではベテランの域に達していた。ブルージーンズ・スキッフル・グループとして彼らは1957年10月からキャヴァーンに定期的に出演し、1961年2月以降は、当クラブで毎週行われる「ゲスト・ナイト」のヘッドライナーを務め、火曜の夜に集まった客にビートルズ、ジェリー・アンド・ザ・ペースメイカーズ、デリー・アンド・ザ・シニアズ、ジョニー・サンドン・アンド・ザ・サーチャーズ、キングサイズ・テイラー・アンド・ザ・ドミノズを初めとする多数のバンドを紹介した。彼らはその経験、音楽の腕前、トラッド・ジャズとスキッフルとロックンロールをブレンドしたユニークな音楽性により、高い評価を得ていた。1961年10月に『マージー・ビート』紙がマージーサイドで最も人気のあるロック・グループのリストを発表した際には、（1位はビートルズで、ジェリー・アンド・ザ・ペースメイカーズ、ローリー・ストーム・アンド・ザ・ハリケーンズと続いた）「もちろんブルージーンズは除外。彼らに並ぶバンドはいない。まずもって別格だから」と記されている＊21。それでも、レイ・エニス（リズム・ギター、ヴォーカル）、レス・ブレイド（ベース）、ラルフ・エリス（リード・ギター）、ポール・モス（バンジョー）、ノーマン・

クールク（ドラム）から成るバンドはハンブルクに到着すると、ヴォーカル曲（ケニー・ボール"Samantha"、ビング・クロスビー"Easter Bonnet"）とインスト曲（ストリング・ア・ロングス"Wheels"）がちょっと風変わりで場にそぐわないと、あわてて変更するはめになった。

ラルフ・エリス「スター・クラブにいた頃、"Down by the Riverside"を演奏したけど、ロックンロールに変えざるを得なかった。客が踊りをやめて『何を演奏してるんだ？　こんな音楽分からない』と言うんだ。数晩で全てロックンロールに変更するはめになった。"Johnny B. Goode"やバディ・ホリーをやるようになると、バンジョーが合わなくなり、ポール・モスが脱退を決めた」＊22

ハンブルクに渡ったリヴァプールのバンドには、他にもキングサイズ・テイラー・アンド・ザ・ドミノズ、アンダーテイカーズ、イアン・アンド・ザ・ゾディアックス、リッキー・グリーソン・アンド・ザ・トップ・スポッツ、リー・カーティス・アンド・ジ・オールスターズ、モジョズ、フレディ・スター・アンド・ザ・ミッドナイターズ、リーモ・フォーがいる。1961年以降になると、彼らに加えてイギリス中からバンドが集まるようになる。クリフ・ベネット・アンド・ザ・レベル・ラウザーズとヴィンス・テイラー・アンド・ザ・プレイボーイズとジョニー・キッド・アンド・ザ・パイレーツはロンドン。ロッキン・ベリーズとカール・ウェイン・アンド・ザ・ヴァイキングスはバーミンガム。アレックス・ハーヴェイ・ソウル・バンドはグラスゴー。デイヴ・ディー・アンド・ザ・ボストンズ（後にデイヴ・ディー、ドジー、ビーキー、ミック＆ティッチの名で知られる）はウィルトシャー。テックス・ローバーグ・アンド・ザ・グラデュエーツはサウサンプトン。若き日のヴァン・

モリソンが在籍したモナークスはベルファスト。フレディ・アンド・ザ・ドリーマーズはマンチェスターから。レイ・チャールズ、ジーン・ヴィンセント、リトル・リチャード、ファッツ・ドミノ、デイヴィー・ジョーンズ、ブレンダ・リー、トミー・ロウらアメリカのスターも、最初の頃はハンブルクで公演を行った。ドイツのラトルズ（The Rattles）やファッツ・アンド・ヒズ・キャッツも頻繁に出演した（特にスター・クラブ）。ミュージシャンの面々が益々国際色豊かになる一方で、引き続きその土台としての役割を果たしたのは、ロイ・ヤングとトニー・シェリダンだった。またイギリスの演者に巡業の機会を提供したのは、ハンブルクだけではなかった。会場の知名度は低かったものの、フランクフルト、キール、ドルトムント、デュッセルドルフ、ハノーバーも、音楽といえばロックンロールを好む若い観客のために、イギリスからバンドを呼び寄せた。

1963年までにスター・クラブは、ヨーロッパにおける音楽の主要な観光地の1つに成長した。ビートルズが最後に出演したのは1962年の大晦日だったが、店はその後も繁盛し、夏期の出演予定スケジュールは次のように豪華なものだった。

5月1日～5月14日　スクリーミング・ロード・サッチ・アンド・ザ・サヴェイジズ（ロンドン）
5月1日～6月30日　サーチャーズ（リヴァプール）
5月1日～5月31日　キングサイズ・テイラー・アンド・ザ・ドミノズ（リヴァプール）
5月1日～5月31日　リッキ・アレン・トリオ（ロンドン）
5月10日　レイ・チャールズ・アンド・ヒズ・ビッグ・バンド（アメリカ）
5月10日～6月9日　フリントストーンズ（ロンドン）

5月13日〜5月19日　ジェリー・リー・ルイス・アンド・ヒズ・グループ（アメリカ）
6月1日〜6月15日　ビル・ヘイリー・アンド・ヒズ・コメッツ（アメリカ）
6月1日〜6月30日　バーン・エリオット・アンド・ザ・フェンメン（ロンドン）
6月10日〜7月9日　クリフ・ベネット・アンド・ザ・レベル・ラウザーズ（ロンドン）
6月20日〜7月19日　アンダーテイカーズ（リヴァプール）
6月22日〜6月29日　リトル・エヴァ・ウィズ・バンド（アメリカ）
7月1日〜7月31日　キャロル・エルヴィン（ロンドン）
7月1日〜8月31日　キングサイズ・テイラー・アンド・ザ・ドミノズ（リヴァプール）
7月1日〜8月4日　リー・カーティス・アンド・ジ・オールスターズ（リヴァプール）
7月6日〜7月13日　ジミー・ジャスティス・アンド・ヒズ・バンド（アメリカ）
7月10日〜8月10日　オリジナル・チェックメイツ（ロンドン）
7月20日〜8月19日　ブルージーンズ（リヴァプール）
8月1日〜9月30日　サーチャーズ（リヴァプール）
8月2日〜8月3日　チャビー・チェッカー・アンド・ヒズ・ショウ（アメリカ）
8月11日〜9月9日　エミル・フォード・アンド・ボビー・パトリック・ビッグ・シックス（ロンドン）
8月10日〜8月25日　ジョニー・キッド・アンド・ザ・パイレーツ（ロンドン）
8月20日〜8月31日　ファッツ・アンド・ヒズ・キャッツ（フランクフルト）
9月10日〜10月9日　クリフ・ベネット・アンド・ザ・レベル・ラウザーズ（ロンドン）

ハウス・バンドは、トニー・シェリダン・アンド・ザ・ビート・ブラザーズ、ラトルズ（The Rat-tles）

これらのショウの構成は、70年代と80年代に一般的になる2、3時間の単独コンサートとは異なり、有名スターと期待に溢れた新人が並んで国中を旅し、様々な場所で毎晩1ないし2ステージをこなす、「パッケージ・ツアー」のフォーマットに類似していた。同時にステージに立つことはなくとも、レイ・チャールズとフリントストーンズ、ジェリー・リー・ルイスとリッキ・アレン・トリオの組み合わせは、ハンブルクのポピュラー音楽が多重構造であり、新人は著名な共演者を観察して学ぶ機会にあずかっていたことを意味する。他のバンドだけでなくビートルズにとってもそれは同じで、狭い店でジーン・ヴィンセント、リトル・リチャード、デイヴィー・ジョーンズ、トニー・シェリダン、ロイ・ヤングといったスターのサポート・アクトを務めつつ観察できたことは、バンドの形成に重要な作用を及ぼした。

先述のようにビートルズ自身は、ハンブルク時代が重要で、音楽・外見・ステージ作法・スタイルでも直接影響を受けたと確信している。立地は枝葉末節なことではなく、創造への衝動に関わる重要な事柄で、見過ごされていいものではない。立地は「音楽と土地を、固定されて区切られた文章や物ではなく、人々とサウンドとイメージと工芸と物的環境の関係にまつわる、社会的慣行と捉える見方」を反映しているのだ*[23]。ビートルズが長い間ハンブルクで過ごしたことを考えれば、これらの関連性を取るに足らないものと片付けることは、目を背けることに等しいのではないだろうか。それでも、ビートルズ物語において、リヴァプールとハンブルクのどちらが上か競い合う過程で、時折異なる意見が提示される場合もある。

ビル・ハリー「本の書き手のほぼ全員が、ハンブルクの重要性を誇張していると言わざるを得ない。リヴァプールの方がはるかに重要だ。ビートルズがハンブルクに行った時、インドラ、カイザーケラー、それからトップテンがあった。1962年にならないと、スター・クラブはオープンしない。同時に営業していたのは2店舗だけだ。リヴァプールにはタウンホール、町内会館、スイミング・プール、スケートリンク、地下クラブ等、ありとあらゆる会場があり、400バンドがいる活気溢れるシーンだった。ハンブルクには何も無かった。どのバンドもハンブルクを気に入ったのは、1日24時間酒が飲め、何も制約が無かったからだ。ハンブルクのエピソードが大量にあるのはそのせいだが、音楽シーンという意味では何も無いに等しかった」*24

ハリーのコメントは興味深く、彼とビートルズの関係を考えればなおさらだ。彼はレノンとサトクリフと一緒にリヴァプール・カレッジ・オブ・アートに通い、『マージー・ビート』紙の創設者であり編集者で、ビートルズに関する著書を20冊出している。それに加え、1960年代初期のリヴァプールに音楽クラブが多数あったという彼の主張は、間違いなく正しい。キャヴァーン、ジャカランダ、メリフィールド（The Merrifield）、ベースメント・クラブ（The Bassment Club）、アイアン・ドアー、カスバ、ブルー・エンジェル（The Blue Angel）、ヴァレンタイン・クラブ（The Valentine Club）、キャサノヴァ、オッド・スポット（The Odd Spot）、スターライン・クラブ（The Starline Club）は、全てビートルズも知るクラブだ。さらにマージーサイドには、多数の舞踏場や小規模なダンスホールもあり（グラフトン・ルーム、バーケンヘッドのマジェスティック・ボールルーム、ニュー・ブライトンのタワー・ボールルーム、ロカルノ・ボールルーム)、あわせて、地元の音楽に飢えたティーンエイジャーがロックンロールとスキッフル、またはそのどちらかを聴くのに便利な場所をふんだんに提供していた。

とはいえ、音楽シーンは会場の数で評価できるものではなく、それよりも会場の内外で持たれる交流や、やり取りのような次元で推し量るべきものだ。実際、最も活気のある音楽コミュニティは、影響力のある1軒のクラブまたは場所から、派生もしくはそこを中心に起こっている。ロンドンのトゥーアイズ(1950年代末のブリティッシュ・ロックンロール)、ロサンゼルスのウイスキー・ア・ゴーゴー(1960年代半ばのサイケデリック・ロック)、ニューヨークのCBGB(1970年代半ばのパンク・ロック)、ニューヨークのスタジオ54(1970年代末のディスコ)、マンチェスターのハシエンダ(1980年代のインディ・ロック)、ロンドンのミニストリー・オブ・サウンド(1990年代のダンス・ミュージック)は全て、音楽が1ヶ所(少なくとも最初は)で濃縮した、好例だ。この点で、主な会場が一握りしかなかったからハンブルクはあまり重要ではないと断定するのは、的外れであり、量と質、数と影響を混同しているといえよう。

さらにいえば、競争の激しさと長時間の演奏といった環境により音楽家としてのキャリアがハンブルクで形成されたこと、イギリスに留まっていたらそうしたことは起こり得なかったと、ビートルズだけでなく彼らと同時期に活躍した多くのミュージシャンが認め、発言しているのだ。スチュアートのように何人かにとっては、私生活に及ぼした影響も同じくらい大きい。トニー・シェリダンのように数人はハンブルクに残ることを決め、結婚し、子供を育て、ドイツに落ち着いた。短期・長期・永住であれ、ハンブルクに滞在したリヴァプールのミュージシャンのほぼ全員が口を揃え、ハンブルクの果たした役割は概ね重要であると言っている。

イアン・エドワーズ（イアン・アンド・ザ・ゾディアックス）「プロの仕事をもらったのは初めてだった。つまり、これまでの仕事を辞めて、音楽を演奏するということ。それは何年も何年も憧れてきたことだった。スター・クラブ出演の契約を持ちかけられた僕らは…1ヶ月行って、イギリスに戻って来て、それからまた行って、4年滞在した」＊[25]

ジョン・フランクランド（キングサイズ・テイラー・アンド・ザ・ドミノズ）「マンフレッド（ワイスレダー）が週に2、3回スター・クラブでリハーサルをするのを許可してくれたおかげで、随分と磨かれた。あれは最高だった。あれこそ求めていたことだ。僕らはただ食べ、寝て、音楽を作った。あの場所が大好きだ。僕はリヴァプールよりもハンブルクをよく知っている…明日が1962年6月だったらと思うよ。そしたらもう一度全部体験できる」＊[26]

フレディ・スター「俺はまだ20歳になっていなくて―あの頃は人生で最もエキサイティングだった…まだ若くて、人生で初めて海外で働いて、ポップ・グループで歌って…どれだけラッキーだったんだろう？」＊[27]

トニー・シェリダン「"Blue Suede Shoes"を2000回演奏するとしたら、どうにかしてその時々演奏を変える方法を見つけなくちゃいけない。そこから発明は生まれるんだ。ハンブルクの与える影響とは、そういうことだ…何か別の存在になる」*[28]

レイ・エニス（スウィンギング・ブルー・ジーンズ）「向こうに行った時はまだ素朴な若造で。最初の1週間は呆然として、ホームシックになった―大嫌いな場所だった。1ヶ月もすると、国に帰りたくなくて泣いた。あれ以上素晴らしい体験はしたことがない」*[29]

ハンブルクでの体験をおそらく最もはっきり肯定的に表明したのはジェリー・マースデンだ。2つの都市の繋がりによって、他では全くできなかった経験が、音楽のみならず行動する上でも修行期間になったと彼は確信している。

ジェリー・マースデン「ハンブルクのおかげで、ショウは格段に良くなった…あの経験は僕らのようなリヴァプールのバンドを、真に鍛え抜かれたプロにした。観客をどう扱ったらいいか、革のように強い歌声になるまでどうシャウトしたらいいか、ほぼ休みない労働にどう耐えるか、バンドが本当の意味で一つになること、を学んだ。何ヶ月もぶっ通しで家から離れて暮らし、とても若く、金も無かったおかげで、イギリスの他のどの地域のバンドも身につけられないようなアティチュードを身につけることができた。ハンブルクとの繋がりがあって、リヴァプールのバンドは本当に幸運だった。ハンブルクでの経験が、僕らを特別な存在にした」*[30]

7 都市のサウンド

音楽と土地の関係を歴史の観点から分析すると、多くの場合、音楽のスタイルは特定の地域に「属する」「サウンド」であると、熱心に論じる結果になる。他にも多数あるが、例えばメンフィス・サウンド、ナッシュビル・サウンド、コヴェントリー・サウンド、フィラデルフィア・サウンド、シアトル・サウンド、サンフランシスコ・サウンドは、独自のジャンルとして異なる時期に採用された呼び名で、様々な音楽家のグループを、1つの分かりやすいムーヴメントであるかのように主張するものである。しかしながら、このいつものラベル付けが、ある都市の社会的慣習とその文化の産物の間に存在する、全くの偶然から生まれた関連性を反映しているのか、それともただ、生まれた場所以外にほとんど共通点を見いだせない数々の音楽作品に手軽に名称を与え、売り出すためのものなのか、はっきりしない場合も多い。ビートルズが1963年に華々しい商業的成功を収めた直後から、同じリヴァプール出身の他のアーティストが後を追うようにブレイクし、「リヴァプール・サウンド」や「マージー・サウンド」、「マージー・ビート」といったラベルが日常的に人々の口に上るようになり、幅広く（現在でも）説明上の分類に使われるようになる。ところが、大勢のミュージシャンや解説者がこれに異を唱え、「ハンブルク・サウンド」の方がより正確なラベル付けで、なぜならその音楽の大部分が形作られた場所だからとの主張がなされている。また、他の意見として、一連のバンドはその統一感よりも多様性において際立っており、共通するいかなるサウンドも存在しないと主張する者もある。そして意見の相違を解決しようと、次のような関連した様々な問いが投げかけられるようになる――アーティストたちを結び付ける特定のサウンドは存在したのか？　存在するとしたら、そのサウンドにはどんな特徴があったのか？　さらに、それは「リヴァプール・サウンド」または「ハンブルク・サウンド」と呼ばれるべきなのか？

1960年代初頭のポピュラー音楽の主な流行は、いつも通りアメリカから来たように思える。1960から63年にかけて、ブリル・ビルディングのソングライターやミュージシャンは人気の絶頂にあり、コニー・フランシス（"Everybody's Somebody's Fool"、"My Heart Has a Mind of Its Own"）、ドリフターズ（"Save the Last Dance for Me"）、シュレルズ（"Will You Love Me Tomorrow"、"Soldier Boy"）、ボビー・ヴィー（"Take Good Care of My Baby"）、ニール・セダカ（"Breaking Up Is Hard to Do"）、リトル・エヴァ（"The Loco-Motion"）、スティーヴ・ローレンス（"Go Away Little Girl"）のような全米ナンバーワン・ヒットを飛ばしていた。1960年3月にはエルヴィス・プレスリーが米軍を去って再びレコーディングの仕事に戻り、"Stuck on You"、"It's Now or Never"、"Are You Lonesome Tonight?"、"Surrender"、"His Latest Flame"を含むマルチミリオン・ヒットのシングルを立て続けに出す。1960から62年にかけては、デトロイトのタムラ・モータウン・レコード・レーベルがスプリームス、ザ・ミラクルズ、メアリー・ウェルズ、テンプテーションズ、スティーヴィー・ワンダー、マーヴェレッツ、マーヴィン・

ゲイ、マーサ&ザ・ヴァンデラス、各々のファースト・シングルをリリースする。フィル・スペクターは1961年9月に、ニューヨークのミラサウンド・スタジオでクリスタルズ“There's No Other (Like My Baby)”をプロデュースして、「ウォール・オブ・サウンド」と呼ばれるレコード制作のテクニックを披露する。1961年11月には、ミネソタ州ダルース出身でニューヨークにやって来たばかりの若いシンガーが、初のアルバムをレコーディング。アルバム名はシンプルに、『ボブ・ディラン』だった。1961年12月、5人のカリフォルニア州のティーンエイジャーが、グループ名をペンデルトーンズからビーチ・ボーイズに変え、リーダーのブライアン・ウィルソンが書いた初のシングル“Surfin'”を発表した。自ら曲作りと演奏をし、長期に渡ってヒットを飛ばし続けたフォー・シーズンズ。1962年9月に発売された“Sherry”は、このニュージャージーのグループ初のヒット曲だ。

ヨーロッパ中のトップ・クラスの出演者によるパッケージ・ショウ—スター・クラブのオープニング・ナイトの出演者は、ビートルズ、テックス・ローバーグ、ロイ・ヤング、ザ・グラデュエーツ、バチェラーズで、来月はトニー・シェリダンとジェリー・アンド・ザ・ペースメイカーズが出演すると記載されている

世界中でアメリカの音楽スタイルやアメリカ人歌手（新旧問わず）による圧倒的な寡占状態がずっと続いてきたことを考えれば、リヴァプールのミュージシャンがイギリスで前代未聞の成功を収めたことが（1963年、ビートルズ、ジェリー・アンド・ザ・ペースメイカーズ、ビリー・J・クレイマー・アンド・ザ・ダコタス、サーチャーズ、スウィンギング・ブルー・ジーンズ、ザ・フォーモスト、シラ・ブラック、マージービーツはいずれもヒット・シングルを出し、リヴァプールのグループによるレコードが、52週のうち34週首位を占めた）大きな注目を集めたことや、この現象が多くの人をひどく困惑させて何らかの説明を試みる者が後を絶たなかったことは、当然な結果といえよう。大成功したイギリス人のミュージシャンについて書き慣れていない多くの批評家は、バンドのほとんどがリヴァプールとハンブルクで数年演奏してきた事実を見過ごし、不当にも「突然」や「一夜にして」スターに上り詰めたと強調した。

さらに初期のライヴについてなされた分析では、明らかに多くのレポートが、ビートルズが奏でる音楽ではなく、パフォーマンスのやり方の観点から彼らのサウンドを解説するにとどまっている。1960年夏、初のハンブルク巡業直前のビートルズを説明したアラン・ウィリアムズの言葉が良い例だ。

「ビートルズが登場した時、まるで誰かが、あのホールにいた男の子と女の子全員の神経系を、極めてそっと撫でたようだった。ビートルズは動物のようなエネルギーを発し、観客は時計のバネのようにきりきり巻かれてしまった。演奏が進むにつれ、ビートルズは自分自身と彼らの観客の間に強固な感情の橋を渡し…まるでビートルズと観客の男の子や女の子が1つになったようだった」＊1

ウィリアムズはビートルズを音楽家としてよりもパフォーマーとして見ていたが、ハンブルク到着以降の彼らは、より一層そうした目で見られるようになった。1960年11月のカイザーケラーでのビートルズを思い出し、アストリット・キルヒヘルはこう言っている「彼らの信じられないくらいのステージ上のオーラに、私たちは人間磁石のように引き寄せられました」*2。他にも「リヴァプールから来た若いビートルズは、かっこいいユーモアを発し、ステージ上のたたずまいは魔法のようで、ビリビリするロックンロールを、スキッフルのような原始的なエネルギーで演奏し、風俗街を興奮の渦に巻き込んだ」といった証言もある*3。ブルーノ・コシュミダーに繰り返し「マック・シャウ！」と命令されるビートルズに選択の余地は無く、しかもその効果の絶大さを心底実感した彼らは、はちゃめちゃでエネルギッシュなパフォーマンスをわざと大げさにやり、以降それがライヴの中心的な演出となった。カイザーケラーから戻って間もなくのリヴァプールでのライヴに対する反応は、この事実を決定的に裏付けるものである。

サム・リーチ「次に俺が見て聴いたことは、脳裏に永遠に刻まれることになる。朽ち果てたカーテンがバラバラになり、黒ずくめの5人の元気一杯な若者が、俺の人生に飛び込んで来た。みんなが恍惚とした。俺が見た背筋がぞくぞくするようなパフォーマンスを、うまく形容できる言葉は、まだ発明されていない。サウンドが俺を包み込み、それは天井から跳ね返って、うっとりするファンの上に大きな音を立てて落下するようだった…みんなダンスしないで見守っていた」*4

最も分かりやすく伝えるのはブライアン・エプスタインの発言だ。1961年11月にキャヴァーンでビートルズを初めて観た時の第一印象を、他の人々同様、音楽の能力ではなく、肉体と感情に訴えかけるビートルズの魅力の観点から論じている。

ブライアン・エプスタイン「どんな舞台でも見たことがないようなことを、ビートルズはステージでやっていた。彼らは演奏しながらタバコを吸い、食べてしゃべって、お互いを殴り合う真似までしていた。観客に背を向け、彼らに怒鳴り、内輪のジョークで笑っていた。アドリブも最高だった…不快な洞穴にいるにも関わらず、みんなあからさまに興奮していた」*5

以上見てきた発言では、誰もほぼビートルズの音楽には触れていない。代わりにそれらの発言は、ビートルズのサウンドは（彼らのキャリアにおけるこの段階では）聴覚から得られるものではなく、視覚とパフォーマンスの要素に基づくものだという、総意を反映している。信じられないかもしれないが、忘れてならないのは、1962年秋に"Love Me Do"が発売されるまで、ビートルズはレコーディング・アーティストではなくパフォーマーであり、彼らがステージ上で行うことによってのみ、彼らを体験し、評価することができたのだ。1962年1月のスタジオでのオーディションにより、デッカがビートルズを不採用にしたのは（少なくとも部分的には）彼らのライヴでのエネルギーを、捉えることも表現することもできなかった15曲に対する評価の結果だった*6。パフォーマンス、ステージ上の振る舞い、表現方法がビートルズの強みであり、それにはジョン・レノンが指摘したように、ハンブルクの観客の影響が大きかった。「みんな音楽なんていらなかった。彼らはパフォーマンスを欲していた」*7。

ハンブルクでの経験を通し、ビートルズのスタイルが形作られ、磨かれたと認識することは、彼らのサウンドを理解する一つの手がかりとなる。しかしむろん、バンドは他にもいた。リヴァプールのバンドの人気が大きくなり—最初にハンブルク、続いてイギリス、最終的に世界—レコードの売り上げがどんどん伸びていくにつれ、批評家はパフォーマンスよりも音楽、形式よりも中身に注目するようになった。しばしばなされた推量は、彼らのサウンドはアメリカの音楽ジャンルを独自に組み合わせ、レパートリーに取り込んだことによって生まれた、と考える次のようなものである。

「それまで組み合わされることのなかった、2つのアメリカのスタイルの派生形と考えられる。つまり、リトル・リチャードやラリー・ウィリアムズといった歌手のハードなロックンロールのスタイルと、シュレルズやドリフターズだけでなく、リーバー&ストーラーやベリー・ゴーディやルーサー・ディクソンのプロデュースした他のグループの持つ、ソフトなゴスペル調のコール・アンド・レスポンスのスタイルだ」＊8

他の分析には、音楽を構成するジャンルを2つだけではなく、5つや6つにまで広げたものもある。

「チャック・ベリー、リトル・リチャード、バディ・ホリーの古典的なロック・ナンバー、レイ・チャールズ、ラリー・ウィリアムズ、アイズレー・ブラザーズ、リーバー&ストーラーのリズム・アンド・ブルース曲、カール・パーキンスのロカビリー曲、キャロル・キングやモータウンによる1960年代初期のアメリカのポップ・ソング、そして各種イギリスのポップ・チューン」＊9

彼らの音楽にアメリカの曲があまりに多かったため、ビートルズ物語の周りで大きくなった数々の神話の中でも、最も長くささやかれてきたものの1つに、「キュナード・ヤンクス」（訳注：ヤンクスは「ヤンキーたち」の意味）の影響がある。1950年代末から1960年代初頭にかけてリヴァプールは、大西洋を横断するためのイギリスの主要な港であり、アメリカへの玄関口だった。当地を拠点にした船会社にはキュナードとカナディアン・パシフィックがあり、何千人ものリヴァプール市民に職を与え、それら「キュナード・ヤンクス」が、頻繁に大西洋を往復し、イギリスではほとんど手に入らない衣類、小物、ファッション、コミック、（そして極めて重要なことに）レコードを携えて帰郷していた。これこそがミュージシャンの卵が触れることのできた、特別な音楽と文化の情報網を作り上げたと、繰り返し言われてきたのだ＊10。珍しいレコードや、輸入が禁じられているレコードが流入したことにより、コレクターやレコード通、ゲートキーパーまで現われるようになった。ゲートキーパーとは―マスメディア（全ての媒体を含む）の歴史と影響を調査したことのある人であれば馴染みのある概念だが―持っているスキルや専門知識、情報量により、情報提供者であり、フィルターであり、オピニオンリーダーの役割を果たす者を指す＊11。1960年代初期のリヴァプールのポピュラー音楽コミュニティにおいて、卓越したゲートキーパーといえば、誰しもがまずボブ・ウラーの名前を挙げる。元駅員で、歩くロックンロール百科事典のような彼は、ディスクジョッキー、司会者、マネージャー、プロモーター、コラムニストをしていたため、リヴァプールのミュージシャンやクラブのネットワークの真ん中にいた。「他の誰よりも影響力のある重要人物だった…ウラーはクラブからクラブへと行き、ライヴ演奏の合間に、自身の膨大なアメリカ直輸入のコレクションから、リクエストに応じてレコードをかけていた。これが、ビート音楽のシーンがリヴァプールで誕生するきっかけとなった」*[12]。しかし、ある都市の音楽シーン全体が起こった原因を1人の人物に帰する論考は、野心が過ぎるともいえるし、そのアプローチでは、サウサンプトンやロンドンのような、頻繁に大西洋間を行き来可能だった他の港で、なぜリヴァプールに似たゲートキーパーや音楽文化が存在しなかったのか、説明がつかない。にも関わらず、このような解説は長きに渡って絶えることがないし、またいつものように、ビートルズや同時期のバンドがハンブルクに行った時、彼らが持ち込んだのはアメリカのサウンドに基づく故郷のサウンドだったと、単純に論じられてしまうのである。

「ジェリー・アンド・ザ・ペースメイカーズ、キングサイズ・テイラー・アンド・ザ・ドミノズ、ビッグ・スリー、スウィンギング・ブルー・ジーンズ、サーチャーズは皆、ビートルズの輝かしいスター・クラブでの常駐公演の合間に出演した。それは最初から最後まで、リヴァプール現象だった。特別なサウンドが出来上がりつつあるのは、間違いなかった…ユニークで風変わりなポップの様式…世界中でリヴァプール・サウンド、またはマージー・サウンドと認識されるもの」*[13]

ところが、これと同じように強力な別の論調が存在する。つまり2都市間の音楽の移行は、本当はリヴァプールからハンブルクではなく、ハンブルクからリヴァプールだった、という主張だ。

キングサイズ・テイラー「1960年から1972年にかけての12年間、スター・クラブで演奏したことのあるバンドを除けば、リヴァプールのバンドはどれ1つとしてナンバーワン・ヒットを出していない。事実は、マージー・ビートはマージー・ビートなんかじゃなかったということだ。それは、俺たちがドイツで磨かれた後で持ち帰ったサウンドなんだ…リヴァプールが都合よくマージー・ビート印を押してしまったんで、真実は大きく違う」*14

数々の出演者をリヴァプールであれハンブルクであれ、1つのラベルでくくろうと躍起になる原因の大部分は、ポピュラー音楽業界が、2都市で起きた出来事をコントロールも把握もできなかったからであることは、間違いない。何と言っても、エンターテインメント産業の主な組織の本拠地は、何十年もロンドンにあったのだから。リヴァプールは、リーズ、ニューカッスル、マンチェスター、サンダーランド、シェフィールド、ブラッドフォードといった他の北部の都市同様、文化的にも立地的にも僻地と見られていた。北部出身のエンターテイナーで、どんな形であれ国民的人気を収めた者のほとんどは、首都への転居を余儀なくされていた。ロンドンに拠点を置くメジャーなレコード・レーベル全てが、ビートルズとの契約を拒否したのだ。全ての予想に反して、従来のパターンをリヴァプール出身のミュージシャンたちが覆し始めると、もっともらしい説明を作り出す必要が出てきた。それまで知られていなかったサウンドを「発見」した、つまりリヴァプール・サウンドを驚くべき新しい例外だ、とラベル付けすることで、音楽業界は自分たちの権威が脅かされる危険性を回避しようとしたのだ。同じように「ロンドン・サウンド」を認めようとする試みが行われなかったのは――ヤードバーズ、ザ・フー、キンクス、スモール・フェイセス、ローリング・ストーンズ、マンフレッド・マン、プリティ・シングス、デイヴ・クラーク・ファイヴその他のバンドがいるにも関わらず――これらのバンドが成功するのは当たり前のことで、説明不要だと思われていたことを証明するものである。

スポーツ、美術、ダンス、演劇等、他の全ての文化活動と同様に、音楽は「それが作られた場所の社会・経済・政治・物質的側面を反映している」＊15。だがそれらの影響は、必ずしも全ての人に全く同じように反映されるものではない。それ故、1960年代初期にハンブルクのクラブから出てきた音楽を扱う際の1つの方法として、共通点を探すよりも相違点を認めるやり方がある。異なる時期のものを比較すると、非常に分かりやすく相違が出る。ビートルズの"Lucy in the Sky with Diamonds"と"The Long and Winding Road"は、"Ask Me Why"と"Hello Little Girl"と大きく異なり、同じようにエルヴィス・プレスリーの"The Wonder of You"と"Heartbreak Hotel"には、ほとんど共通点が無い。ボブ・ディランの"Like a Rolling Stone"は、"Girl from the North Country"とは実質上、関連性が無い。ところが人は同時期に作られた音楽に関しては、（共通点など存在しない場合でも）似た部分を見いだそうとし、強く否定されても意見を通そうとしがちである。

最初にリヴァプール・サウンドの存在を否定しようとした人のうち1人は、他でもないジョージ・マーティンだ。彼はビートルズのレコードをプロデュースしただけでなく、ジェリー・アンド・ザ・ペースメイカーズ、ビリー・J・クレイマー・アンド・ザ・ダコタス、ザ・フォーモスト、シラ・ブラックのレコードもプロデュースしている。

ジョージ・マーティン「それぞれのスタイルは全く違います……『リヴァプール・サウンド』の見出しの下に全員をひとまとめにするなど不可能です。彼らに類似性があるのは認めます―スキッフルの最盛期にロニー・ドネガンとヴァイパーズに音楽上の関連性が見られたのと同じように。でも、似ていると言ってもそこまでなのです」＊16

多くの点で、この意見を歓迎する者は少なかった。リヴァプール自体、リヴァプール・サウンドのブームを熱心に応援しており、商業メディアも、簡明なマーケティング用のブランドとして喜んで承認した。さらに当時北部は、屈強でダイナミックな創造力が生まれる新たな場所として認識されるようになっており、芸術家（デイヴィッド・ホックニー、L・S・ラウリー）、テレビ番組（『Zカーズ』、『コロネーション・ストリート』）、小説家（ジョン・ブレイン、スタン・バーストウ）、劇作家（シーラ・ディレイニー、キース・ウォーターハウス）、俳優（アルバート・フィニー、リタ・トゥシンハム、トム・コートネイ）が、全国的な知名度を獲得し始めていた。北部、とりわけリヴァプールは、何十年と甘受してきた文化不毛の地としての地位を逆転できる可能性が視野に入ると、リヴァプール・サウンドの持つ、情緒的・政治的・経済的魅力にあらがうのが益々困難になった。「そのサウンドの持つはっきりとしたマージーサイド的な側面は、鳴り物入りの宣伝のために過度に強調された」というような指摘は、その頃はほぼ無視されたのだ*[17]。それでも、リヴァプールからハンブルクに行った多くのバンドの間には、明らかに大きな違いがあった。

「マージー・ビートで最も顕著なものの1つに、バラエティが豊富だという点がある。キングサイズ・テイラー・アンド・ザ・ドミノズは、かなり良質なロックンロールのまねごとを早くも1957年からやっていた。イアン・アンド・ザ・ゾディアックスやジェリー・アンド・ザ・ペースメイカーズは、アメリカやイギリスのチャートからロック・ポップ・チューンをカヴァーしており、自分で曲を書く実験までしていた。ファロンズ・フラミンゴスはソウル風のサウンドに挑戦していた。ソニー・ウェブ・アンド・ザ・キャスケイズは、ロカビリーとカントリーの曲をやっていた。スウィンギング・ブルー・ジーンズは、１９５０年代末にトラッド・ジャズのグループとして始まった」＊18

「ソフトで概ねお行儀の良い音楽のサーチャーズ、バラードをソフトな歌声で歌う、ビートルズ以前の時代の白人歌手に明らかに先祖帰りしているビリー・J・クレイマー」だけでなく、ザンクト・パウリのクラブに出演する登場人物たちは、ひとまとまりの音楽勢力を構成している訳ではなかった＊19。むしろ彼らは、それまでの30年間に行われてきた音楽活動から引用した、ばらばらのスタイルとサウンドの集合体であった。確かに若い音楽家である彼らには、共通の「傾向」や「感性」があり、若いドイツ人客のためにロックンロールを演奏しなければならないことから来るある程度の統一感はあったが、どこに重きを置き、どこを変化させるかは各々が判断し、折り合いを付けていた。ビートルズは他の誰よりも、以上の事柄を十分に認識しており、自分たちの音楽が分類され、ジャンル名を付けられることに、きっぱり異を唱えていた。

ジョージ・ハリスン「あれを何かの名前で呼ぶのは好まない。あれについて書く人々や批評家は、何か名前を付けなくちゃいけないんだろう。彼らはあれをロックンロールとは呼びたくなかった…リズム・アンド・ブルースでもないと判断したようだ。だから『リヴァプール・サウンド』と呼んでいるが、本当にばかげている」＊20

ジョン・レノン「『マージー・サウンド』なんてものが存在するとは、僕らは思わない。あれは単にジャーナリストがでっちあげたもの—名称だ。たまたま僕らはリヴァプールから出てきて、彼らが一番近い川を見て、名前を付けた」*21

ビートルズのハンブルク時代のサウンドに関し、多くの人々の注目を集める点がもう1つある。ハンブルクがバンド編成に影響を与えた可能性だ。ビートルズの1回目と2回目のスター・クラブ常駐公演の間、1962年8月に、ピート・ベストの代わりにリンゴ・スターが加入する。多くの人にとってそれは、理解に苦しむ決断だった。ベストはそれまで2年の間メンバーを務め、彼のドラム演奏は幅広く称賛されていた。ブライアン・エプスタインも、ビートルズの人気に彼が多大な貢献をしていることを非常に喜んでいた。加えてビートルズは、念願のレコード契約を勝ち取り、最初のシングル"Love Me Do"がパーロフォンより秋にリリースされる予定だった。この段階で突然のメンバー・チェンジをし、キャリアにストップがかかる危険を冒すことは、狂気に近いといえよう。実際に何が起こったのか、信頼のおける説明が出てきたことは一度も無く、ベスト自身もいつまでも真相が分からず、とまどっているように見える。一方で、可能性が否定できない説は、無数にある。

グループ(いかなる種類でも)は、次のように定義できる—「2人かそれ以上の個人が対面で交流し、各人がグループのメンバーであることを自覚し、各人がグループに属す他のメンバーを認識し、共通の目標に向かって切磋琢磨するにあたり、有益な相互依存関係にあることを各人が認めるもの」*22。この説明からすると、グループの定義には、通常の仕事・共同作業・共に負う責任・共通の野心が含まれ、レノン、マッカートニー、ハリスン、ベストがリヴァプールとハンブルクで過ごした2年間にぴたりと当てはまる。それでもバンドというものは破綻し、メンバーの脱退または追放も起こりがちだ。ベストの解雇にまつわる異なる説を、短くとも比較することは、何か大きな手がかりとなるはずだ。

どんな状況であれバンドの分裂が起こる際は、メンバー間の性格または社会性の不一致が引き金となる場合が多い、と始まる説がある。この観点からすると、ベストが変わった男であるとする数々のエピソード（ドラッグ摂取を拒む、ヘアスタイルを変えるのを渋る）は、彼と他のメンバーとの間に明らかな隔たりがあったことを証明する。それぞれ些細なこととはいえ、バンド内の閉じられた世界では単なる苛立ち以上のものになり、ベストが自分たちと違うことを常日頃から思い起こさせることになる。

ポール・マッカートニー「ピートは一度も、真の意味で他のメンバーみんなのようになったことはない。僕らはおふざけトリオで、ピートは多分もう少し…分別があった。彼は僕らとやや違っていて、僕らのようにアートづいてなかった。それにとにかく、あまり一緒につるまなかった」＊23

この見解からすると、他のメンバーにとって普通のことや、習慣にしていることに従おうとしないベストが悪く、それが原因で彼は部外者のレッテルを貼られ、最後には実際にそのように扱われてしまったと、主張するものである。リヴァプールでは許されていた両者の違いが（リハーサルやライヴで皆が一緒になる機会は限られていた）、宿泊所でも職場でも常に身近に接するハンブルクでの生活によって浮き彫りになり、最終的には我慢できないところまで行き着いたのだ。

ベストの解雇に関する第二の説は、ビートルズ内で起きた個人的な摩擦の原因と結果に焦点を当てるものだ。いかなる社会集団でも、衝突は避けられない。ライバル心、闘争心、競争は、より一層の努力に1人1人を向かわせる起爆剤となり、向上心を身につけさせ、それによりグループ全体にプラスに働く場合は、非常に良い結果をもたらす。それと同時に衝突は、共通の目的に向かうエネルギーを分散させ、競争心を嫉妬と憎しみに変える場合は、破壊をもたらすこともある。ベストはある分野――、つまり外見で他のメンバーよりも紛れもなく優れており、その事実を享受してもいた。端的に言って、彼は並外れて容姿端麗な若者だったのだ。ジョージ・マーティンは、彼を「バンドで一番のハンサム…ジェームズ・ディーンに似ていた」*24と言っている。リヴァプールのプロモーターであるロン・アップルビーは、「紛れもなくバンド一の人気者」とベストを呼んでいる*25。『マージー・ビート』紙に掲載された、ビートルズ初のラジオ出演（番組は『ティーンエイジャーズ・ターン』。1962年3月に、マンチェスターのプレイハウス・シアターで視聴者を前に演奏）のレビューには、「ルックスだけでも彼の人気は保証されている」と書かれている*26。セクシャルな関係になる機会が簡単に、頻繁に、大っぴらに手に入る、レーパーバーンの自由な雰囲気の中では、女性ファンの一番のお気に入りというベストの立ち位置が、他のメンバーの恨みを増幅させることになる。ベスト脱退の原因としてはあまりに子供じみて思えるが、これまでこの説は、大いに支持を得てきた。

「現場にいた多くの人によれば、ピートがクビになった主な理由は、単語1つで表すことが出来る――嫉妬だ。ジョン、ジョージ、ポールは、女の子を引き寄せるピートの魅力に途方もない嫉妬を抱いていた。女性ファンの多くはピートがバンドのリーダーであり、ビートルズで最もハンサムであると触れ回っていた」*27

モナ・ベストも同様の判断を下しているが、無理もない。「みんな嫉妬していたから、息子に出て行ってほしかった」*28。

3つ目の説は、ベストをクビにする判断は、私的理由ではなく、職業上の理由による、というものだ。チームやグループ内で個人の地位が脅かされた際の最も明白な原因は、当該人物が成果を出さず、実力も無かった場合だろう。結局、継続したメンバーでいるための最も基本的な条件は、効果的に貢献できる能力なのだから。ビートルズの歴史にこれを当てはめると単純明快に説明しうるこの説は好都合だ。つまりベストは技術不足だったから、バンドを去らなければならなかった。実際、この説を支持する人々は枚挙にいとまがなく、中にはハンブルク時代初期のビートルズの体験を、決定的な期間と特定する者もいる。「最初のハンブルク滞在の間…もっと人気を得るためにはよりタイトなバンドになる必要があると彼らは理解した。それは、ドラマーのピート・ベストもベーシストのスチュアート・サトクリフも、レノンとマッカートニーとハリスンの野望を前に生き残ることはできないだろうと察することを意味していた」*29。ハンブルクで幾度となく間近でベストを見てきたジャッキー・ロマックス（アンダーテイカーズ）も同意見だ。「彼は1つのビートしか叩けなかった。それを遅くするか早くするかの違いだけ」*30。ジョージ・マーティンも同じ観点から、1962年の夏にブライアン・エプスタインに最後通告を突きつけている。

ジョージ・マーティン「ピート・ベストを除外しなければいけないと決めました。ブライアンに『ピート・ベストをどうしようと私には関係ありませんが、レコーディングにはこれ以上参加させません。セッション・ドラマーを雇います。彼らが何よりも必要としているのは、良いドラマーだからです』と言いました」*[31]

その一方で、この説は統一見解が得られない点で不利なものではある。上手いドラミングの定義が難しいことは言うまでもなく、ベストの腕をけなす人に負けないくらい、彼のドラミングを支持する人々がいるのだ。サム・リーチは「ビートルズのユニークなサウンドの一部を担っていたのは、ピートのヘヴィなビートだ…ピートは、ただ後ろに座って『ドンドン』と叩くドラマーとは大違いだった」と主張する*[32]。ジェリー・マースデンは「彼のドライヴ感はワイルドだった。最高だったね。分かるかな、ビートルズはいかしたドライヴするリズムをよく作り出していた。バンドとの相性も最高だった。ピート、あいつはいいドラマーだ」と振り返っている*[33]。1962年にスター・クラブでビートルズの前座を務めたサーチャーズも同様に、ベストの音楽的能力を高く評価している。クリス・カーティスは「彼は一晩中すごいスタイルとスタミナでドラムを演奏して、あれは本物のビートルズ・サウンドだった」と言い、ジョン・マクナリーも「彼は素晴らしかった…シンバルを沢山叩くエネルギッシュなドラミングで、最高だった」と同意している*[34]。

最後に紹介する説は、ベストの脱退が突然で予期せぬものであったことから、多くの人が信じているものだ。すなわち、解雇は計画的に前もって準備されたものではなく、予期せぬ事態—軽犯罪とか取り返しの付かないほどのルール違反によりベストがバンドにいられなくなり、それに慌てて対処した結果だとする意見だ。時折浮上する「卑猥なエピソード」によりクビになったという噂からは、スキャンダルの匂いがする*[35]。ベストがバンドを去った直後のブライアン・エプスタインとボブ・ウラーの会合についての記述は、この説を裏付けするものである。

「ウラーがマスコミ的な関心を持っていることに、エプスタインは気づく―突然彼はこう宣言したのだ―『ピート・ベストの真実を語る』。意味深な沈黙の後で、『そうはさせない』とエプスタインは言った。ウラーとエプスタインの大げさなやり取りは、ベストの解雇に言われている以上のことがあることを示唆している。ウラーは引かなかった―『絶対にやってやる』。真っ赤な顔をしてカンカンに怒りながら、エプスタインはこう繰り返した『そんなことはさせない。絶対に』」*36

ロックン・トゥイスト・パレード開催とともに1962年4月に開店したスター・クラブは、あっという間にレーパーバーン界隈一のロックンロールの店になった（初代6角形の星のマークに注目。5角形の星は、新装開店後に採用された）

1962年夏のベスト家の一大事は、38歳のモナ・ベストと19歳のニール・アスピノールの間に、非嫡出の息子ヴィンセント・ローグ・ベストが誕生したことだ。ローグが生まれたのは7月21日で、ピート・ベストがクビになったのは8月16日。文化面での変化と法改正により、いわゆる「寛容社会」が誕生する以前は、イギリスの道徳規範は、明確に敷かれたレールから外れる者には、厳しい制裁を加えるようなものであった。小説家L・P・ハートリー作『恋を覗く少年』の有名なオープニング「過去とは異国だ。あちらでは異なる習慣が営まれている」は、1960年代の初期と後期の対比に完璧に当てはまる表現である。ブライアン・エプスタインはエネルギーの大半を、ビートルズの成功を妨げるものの隠蔽に注いだ—自身の同性愛、1962年8月のレノンとシンシア・パウエルの結婚、及び1963年4月の息子ジュリアンの誕生、ハンブルクのウェイトレスであるエリカ・ヒューバーズがマッカートニーに対して起こした、父親認知を求める裁判（彼女は1962年12月に娘ベティーナを産んだ）。ドラマーの母親が息子の親友との間に子供をもうけたことが知られれば、ビートルズが新しく採用した清潔なイメージに大打撃を与えると、エプスタインが心配したことは想像に難くない。そのような状況下では、ベストを1人排除するだけで想定される「恥」を元から絶つことができる。それは無慈悲とはいえ手軽な解決策に見えるので、十分あり得る説だとする解説者も数人いる。「モナ・ベストの妊娠が、ピート・ベスト解雇の大きな原因だと確信しています」*37。

理由（または複合的な理由）は何であれ、ビートルズが1962年11月にスター・クラブに戻った時（ギャラは1週間1人当たり600ドイツマルク、50ポンド相当）と12月の再訪時（ギャラは750ドイツマルク、62・50ポンド相当に上がった）のドラマーは、リンゴ・スターだった。興味深いことに、ベストがいなくなっても、リヴァプールのような反発は起こらなかった。また皮肉なことに、ハンブルク時代はベストの在籍期間の方がずっと長かったにも関わらず、唯一残されている音源でドラムを叩いているのはスターだ。２週間に及ぶ最後の巡業を締めくくる、12月31日の晩に演奏した30曲前後を収めたテープ（エイドリアン・バーバーが録音し、キングサイズ・テイラーによって保管された後、15年経ってから発売された）は、１９６０年に最初にインドラとカイザーケラーに緊張しながら出演した時とは、別人のようなパフォーマンスを聴かせる。テープのクオリティはやや低いとはいえ、ビートルズは間違いなく自分たちではなく、観客に向けて演奏している。自信とプロ根性の感じられる、エキサイティングなライヴだ。リード・ヴォーカルはレノンとハリスンとマッカートニーの間で等しく分担され、彼らのＭＣ（時折ドイツ語が挟まれる）は、礼儀正しく情報を提供している。２分間をゆうに超える曲もいくつかある。カヴァー曲（"Roll Over Beethoven"、"Mr. Moonlight"、"Twist and Shout"、"A Taste of Honey"、"Everybody's Trying to Be My Baby"、"Long Tall Sally"）の多くのアレンジは、続く2年の間にビートルズが出すアルバムのバージョンとほぼ同一だ。友情と守ってくれたことに対する感謝からか、ビートルズはホルスト・ファッシャーに"Be-Bop-A-Lula"と"Hallelujah I Love Her So"（訳注：マーク・ルイソン著『ビートルズ史　上』では"Be-Bop-A-Lula"はホルストの弟が歌ったと書かれている）でリード・ヴォーカルを取らせ、これで史上最後となるバック・バンドの立場に戻っている。

アルバムの最終曲は"I Remember You"だ。「君のことを忘れないと　みんなに言うよ」と歌詞で約束しているのは、ハンブルクに向けたメッセージと受け取りたい誘惑にかられるが、妄想が過ぎるかもしれない。翌日ビートルズは空路でイギリスに帰国、その後3年半の間ハンブルグに戻ることはなかった。

8　ハンブルク後のビートルズ、ビートルズ後のハンブルク

ビートルズがハンブルクで初めて演奏してから2年半、1960年半ばに感じられた変革の予感は、人々の生活に社会的・文化的・政治的な革命が起こるだろうという明確な確信に変わっていた。ジョン・F・ケネディがリチャード・ニクソンを破って第35代大統領に当選し、史上最も若いアメリカ合衆国大統領になった。イギリスでは徴兵制度が廃止された。ソビエト連邦空軍のユーリイ・ガガーリン少佐が、人類初の宇宙飛行を成功させる。アメリカの後ろ盾により行われたピッグス湾侵攻は、キューバの指導者フィデル・カストロの転覆を試みたものであったが、失敗に終わった。イギリスが初めてベルギー、フランス、ドイツ、イタリア、ルクセンブルク、オランダ、ドイツに続き欧州経済共同体（EEC）に加盟を申請（否認される）。ジェームス・メレディスは、ミシシッピ大学に入学した初めてのアフリカ系アメリカ人となる。長い血まみれの争いの末に、アルジェリアがフランスから独立を勝ち取った。イギリスで避妊用ピルが認可された。プレトリアで行われた裁判により、ネルソン・マンデラが投獄された。ジェームズ・デイヴィスが、初めてベトナムで戦死したアメリカ兵になる――これはサイゴン政権の反共運動を支援するため、アメリカが1万6000人の「軍事顧問団」を

新たに送り込んだ結果だった。ボクサーのカシアス・クレイが、ローマオリンピックのライトヘビー級金メダリストになる。キューバ・ミサイル危機により世界が核戦争の危機にさらされた。マーティン・ルーサー・キング・ジュニア博士が逮捕され、ジョージア州オールバニで収監された。ベルリンの壁が建設され、ドイツの首都が2つの区域に分割された。単体でも十分に重要な事件の重なりは、激動の時代の幕開けを意味していた。「新感覚の精神が解き放たれる─若者の敵対心を背景にした新時代の風が、あらゆる既存の慣習と伝統的な権威に向かって吹く。それは、道徳的自由と反逆の風だ」*1。

この新たな方向にビートルズが決定的な役割を果たすことはおいおい証明されるが、1963年初頭にハンブルクからイギリスに戻った時の彼らはまだ無名に近く、行く末も不透明だった。"Love Me Do"が若干チャートを賑わし、1962年12月に17位までのぼった時は、クリフ・リチャード"The Next Time"、エルヴィス・プレスリー"Return to Sender"、シャドウズ"Dance On!"が上位3位を占めていた。2枚目のシングル"Please Please Me"の発売が1月11日に予定されていたが、その前にビートルズは、スコットランドのハイランド地方の会場を回る5日間のツアーでキース、エルギン、ディングウォール、ブリッジ・オブ・アランといった小さな町を訪れなければならなかった。1年の幕開けにしては暗雲が立ちこめており、ポップ・スターになるというビートルズの目標には、手が届かないように見えた。

ところが、1963年の終わりまでにビートルズは、4枚のシングル（"Please Please Me"、"From Me to You"、"She Loves You"、"I Want to Hold Your Hand"）と2枚のアルバム（『Please Please Me』、『With the Beatles』）で1位を獲得し、4回の全国ツアーをこなし、15回シリーズのBBCラジオの冠番組『ポップ・ゴー

ズ・ザ・ビートルズ』に出演、公認の『ザ・ビートルズ・ブック』を月刊で発行（あっという間に発行部数は30万部を超える）し、バラエティ・クラブの年間ショウ・ビジネス・パーソナリティ賞を受賞し、ＩＴＶの人気番組『サンデー・ナイト・アット・ザ・ロンドン・パラディウム』のヘッドライナーを務め、自身の音楽出版社ノーザン・ソングスを設立、ファンクラブの会員数は８万人に膨れ上がり、「ロイヤル・バラエティ・パフォーマンス」で演奏、ユナイテッド・アーティストとの間に映画３本の契約を結び、新しい形の集団ヒステリーにバンド名が使われ（ビートルマニアだ）、ロンドンのフィンズベリー・パーク・アストリア・シアターで開催された「ビートルズ・クリスマス・ショウ」に出演、16夜に渡り延べ10万人以上のファンの前で演奏、ＣＢＳテレビの『エド・サリヴァン・ショウ』で全米デビューを果たす契約を結んだ。それは、あらゆる基準から見ても、劇的で圧倒されるような規模の話だ。

それだけでなく、作曲家コンビとしてのレノン＝マッカートニーが提供した曲、ビリー・Ｊ・クレイマー・アンド・ザ・ダコタス（"Do You Want to Know a Secret"、"Bad to Me"、"I'll Keep You Satisfied"）、シラ・ブラック（"Love of the Loved"）、ザ・フォーモスト（"Hello Little Girl"、"I'm in Love"）、ローリング・ストーンズ（"I Wanna Be Your Man"）が１９６３年のチャートにランクインし、その他にもコンビの曲をケニー・リンチ（"Misery"）、ケストレルズ（"There's a Place"）、デル・シャノン（"From Me to You"）、ダフィ・パワー（"I Saw Her Standing There"）、トミー・クイックリー（"Tip of My Tongue"）といったアーティストがカヴァーし、多数のバージョンが誕生した。１９６３年にコンビが書いた曲は、アイヴァー・ノヴェロ賞（英国作曲家協会が毎年、優れた曲を書いたソングライターを表彰するもの）を３分野で受賞した。それらは、年間最も放送された曲（"She Loves You"）、英国で最も売れた曲（"She Loves You"）、音楽産業に卓越した貢献であった。ビートルズはまた、最優秀グループ、最優秀シングルとしてカール・アラン賞を2つ受賞した。『ニュー・ミュージカル・エクスプレス』の年間読者投票では、英国ヴォーカル・グループ賞と世界ヴォーカル・グループ賞を受賞し、英国のシングルのカテゴリーでは4位までを独占した（"She Loves You"、"Twist and Shout"、"Please Please Me"、"From Me to You"）。さらにビートルズ自身がカヴァーした曲を、即座に他のアーティストがカヴァーするようになり、ブライアン・プール&ザ・トレメローズ"Twist and Shout"とバーン・エリオット&ザ・フェンメン"Money"は、両方ともイギリスでヒットした。

加えて、頑なに何年もリヴァプールのミュージシャンを無視してきたイギリスの4大レコード会社（EMI、デッカ、フィリップス、パイ）が、あわててリヴァプール出身の数十のバンドとレコード契約を結んだが、多くのバンドはマージーサイドかハンブルクでの演奏経験だけで選ばれた。EMI（傘下のレーベルにはパーロフォン、HMV、コロンビアが含まれる）は、間髪入れずにエプスタインが面倒を見ているアーティストのほとんどージェリー・アンド・ザ・ペースメイカーズ、ザ・フォーモスト、ビリー・J・クレイマー・アンド・ザ・ダコタス、シラ・ブラックーと、さらにスウィンギング・ブルー・ジーンズやクーバズといった他のグループとも契約する。パイの契約にはサーチャーズ、アンダーテイカーズ、チャンツ、リーモ・フォー、トミー・クイックリーが含まれた。デッカはビッグ・スリー、キングサイズ・テイラー・アンド・ザ・ドミノズ、リー・カーティス・アンド・ジ・オールスターズ、ベリル・マースデン、フレディ・スター・アンド・ザ・ミッドナイターズ、モジョズ、デニソンズと契約を結んだ。フィリップス（及び傘下レーベルのフォンタナ）はマージービーツ、アール・プレストン・アンド・ザ・TTズ、イアン・アンド・ザ・ゾディアックス、エスコーツと契約し、小規模インディ・レーベルのオリオールは、ファロンズ・フラミンゴスとローリー・ストーム・アンド・ザ・ハリケーンズと契約を結んだ。おそらくより重要なのは、こうしたアーティストの多くが商業的に成功することによって、ポピュラー音楽産業がロンドンの外側にある、以前は見向きもされなかったような地域―マンチェスター（ホリーズ、ハーマンズ・ハーミッツ、フレディ・アンド・ザ・ドリーマーズ、ウェイン・フォンタナ・アンド・ザ・マインドベンダーズ）、ニューキャッスル（アニマルズ）、バーミンガム（スペンサー・デイヴィス・グループ、ムーディー・ブルース）、ベルファスト（ゼム）に目を向けるようになったことだ。

ビートルズが売り上げ・ソングライティング・公演活動において達成した空前絶後の成功と、それに伴うメディアへの露出は、1964年に全世界で、とりわけアメリカで、繰り返されることになる。こちらもイギリス同様に特筆すべきは、成功のスケールの大きさだけでなく、成功に至るまでのスピードだ。『エド・サリヴァン・ショウ』でテレビ生出演してから2ヶ月に満たない1964年3月の最終週には、『ビルボード』のシングル・チャートの上位5位までをビートルズが占め（"Can't Buy Me Love"、"Twist and Shout"、"She Loves You"、"I Want to Hold Your Hand"、"Please Please Me"）、さらにトップ100のそれより下位に7曲を送り込んでいる。同じ週にオーストラリアでは、シングル・チャートの上位6位までをビートルズが占め（"All My Loving"、"Love Me Do"、"Roll Over Beethoven"、"I Saw Her Standing There"、"She Loves You"、"I Want to Hold Your Hand"）、トップ20に計10枚のレコードを送り込んでいる。カナダでは、シングルのトップ10のうち6枚はビートルズで、3位までを独占した（"All My Loving"、"I Want to Hold Your Hand"、"She Loves You"）。同時にドイツでは、トップ20に4枚のシングル（"I Want to Hold Your Hand"、"She Loves You"、"Twist and Shout"、"Please Please Me"）を送り込んだビートルズの傍らで、サーチャーズ（"Needles and Pins"）とスウィンギング・ブルー・ジーンズ（"Hippy Hippy Shake"）もランクインした。

以降数年間、テレビ画面や映画館で流れるニュース映像を通して、ビートルズが空港で離着陸する際に熱狂する群集の姿、完売のコンサート会場、記者会見での騒乱、映画のプレミアや、そういった場面で想定外の警備態勢が強いられる状況の報告は、世界中で繰り返し目にされることになる。その中心にあったのは、ビートルズの音楽だ。どんどん完成度の上がるシングルとアルバムが絶え間なく発売され、次第にカヴァーが少なくなり、最終的にはレノン＝マッカートニーの曲と、少数ながらジョージ・ハリスンの書いた曲だけが含まれるようになる。曲の題名、内容、商品パッケージは、その時々に対象となる市場に合わせて作られたが、レコーディング自体は１９６９年まで、ロンドンのアビー・ロード・スタジオを中心に行われた。例外的な海外レコーディングもある。１９６４年１月にビートルズがパリのオリンピア劇場で３週間に渡って公演した際、彼らは当地にあるＥＭＩのパテ・マルコーニ・スタジオに入り、その時点でビートルズ最大のヒット２曲をドイツ語で録音、"She Loves You"は"Sie Liebt Dich"に、"I Want to Hold Your Hand"は"Komm, Gib Mir Deine Hand"になった。１９６３年から１９６４年にかけてスウェーデン、フランス、デンマーク、オランダ、イタリア、スペインで公演を行ったビートルズであったが、ヨーロッパのプロモーターはドイツ凱旋を招致できないでいた。マッカートニーの認知訴訟は未決着で、グローセ・フライハイト通りにあるセント・ヨーゼフ教会の説教壇からレノンが放尿した疑いの調査も終わっておらず、法律上のごたごただけでも、エプスタインがドイツ訪問に二の足を踏むには十分だった。一方で彼はまた、英語で歌われたレコードはドイツでさほど売り上げが見込めないことも把握しており、母国語で歌われたバージョ

新しい会場、新しいドラマー、新しい機材、新しい衣装。ビートルズがスター・クラブでハンブルク最後のライヴを1962年12月に行った写真からは、ブライアン・エプスタインの影響と、ビートルズ自身の音楽的成長が明白に見て取れる

ンがあれば、ドイツ人のビートルズに対する関心を商業的に大いに刺激できる、というオデオン（ドイツにおけるEMIのレーベル）の提案を受け入れる*2。むろん、英語の口語をなんとかまともなドイツ語にする苦労は、それなりにあった。"With a love like that, you know you should be glad"（訳注：「あれほどの愛なら 喜んだ方がいいって分かってるだろう」の意味）という部分は"Denn mit dir allein, Kann sie nur glücklich sein"と歌われたが、それを直訳するなら、「なぜなら あなたと一緒の時だけ 彼女は幸せになれる」になる。

広範囲な公演活動・テレビ出演・定期的なレコード発売のパターンは、1966年まではほぼ変化なく続けられた。ヨーロッパと北米に加え、ビートルズはオーストラリア、ニュージーランド、日本、香港、フィリピンでもコンサートを行い、行く先々どこでも興行収入の記録を塗り替えた。エルヴィス・プレスリーやクリフ・リチャードのようなパフォーマーを手本に、映画も製作した。『ハード・デイズ・ナイト』（1964年、リチャード・レスター監督）は、大きな興行成績をおさめただけでなく、それまでの型どおりでありきたりな「歌と踊りの映画」からかけ離れた、オリジナリティが高く影響力を持つ映画であると称賛された*3。1965年には、労働党出身の首相ハロルド・ウィルソンの誕生日栄誉リストにもとづきMBEを叙勲され、政界から功績を認められたポピュラー音楽初のアーティストになる*4。

1966年6月、ビートルズはドイツに戻る。ハンブルクを発った1963年1月1日が、大忙しの1年の幕明けで――イギリス中の200を超える会場で時には1晩につき2回の出演をこなした――、ドイツに戻ってきたのが、イギリスにおけるビートルズ最後のコンサート（5月1日にウェンブリーのエンパイア・プールで開催された、毎年恒例の『ニュー・ミュージカル・エクスプレス』のポール・ウィナーズ・コンサートだ）の後に行われたことを考えると、一種の対を成していると思わざるを得ない。3日間に及んだブラボー・ビートルズ・ブリッツトワニーは、ドイツのティーン雑誌『ブラボー』がスポンサーとなり、6月24日にミュンヘンのサーカス・クローネ・バウで始まって、エッセンに移動し、6月25日にグルーガハレで公演、6月26日にハンブルクのエルンスト・メルク・ハレで締めくくられた。

前座にクリフ・ベネット・アンド・ザ・レベル・ラウザーズ（この時点でメンバーにはキーボードとヴォーカルを務めるロイ・ヤングが含まれる）、ピーター・アンド・ゴードン、ラトルズ（The Rattles）を据えて、ビートルズは30分のセットをこなしたが、懐かしさを呼び起こす曲は少なく、レーパーバーンやグローセ・フライハイト時代の客に馴染みの曲は、1曲しか演奏しなかった。チャック・ベリーの"Rock and Roll Music"でスタートし、自作曲から10曲を演奏した（"She's a Woman"、"If I Needed Someone"、"Day Tripper"、"Baby's in Black"、"I Feel Fine"、"Yesterday"、"I Wanna Be Your Man"、"Nowhere Man"、"Paperback Writer"、"I'm Down"）。楽屋を訪れる者もいて、シュロスホテル・トレムスビュッテルのスイートルームには、昔馴染みの知り合いが大勢、ビートルズに会いに来た。翌日ビートルズはロンドンに空路で帰還したが、最後のハンブルク公演は、ふさわしいことにヨーロッパ最後のコンサートとなる＊5。

それどころか、それから2ヶ月と少しのうちに、ビートルズはコンサート活動から完全に撤退してしまう。最後の北米ツアーを8月29日、サンフランシスコのキャンドルスティック・パーク公演で締めくくった後、バンド活動はコンサートからレコーディングへと完全に移行する。ステージ上のミュージシャンから、スタジオ内のミュージシャンになったのだ。ビートルズの決断は、ブライアン・エプスタインが彼らのために立てる緻密な戦略──成功と同時に疲労をもたらす──からの独立宣言を意味していた。

ブライアン・エプスタイン「ビートルズのコンサートで大勢の観客に囲まれる時ほど、暖かい気分になる体験は思いつきません。ビートルズの観客には、このまま喜びで半狂乱になりながら叫んで、喉をからし続けてほしいと願っています。誰もがワイルドで素晴らしい、最高の時間を過ごしてほしいのです。このため、ただこのためだけに、ビートルズは存在しています」＊6

だが当のビートルズにとっては、一連の絶え間ないライヴ出演（それはハンブルク以降の彼らの音楽を形作ってきたものだが）は、数年もすると「最高の時間」ではなくなり、逃げたくてたまらない苦役になっていたのである。

ジョージ・ハリスン「ツアーも最初はすごく良かった…でも疲れ切るようになった。世界中回っても同じ事の繰り返しで。毎日観客は変わったが、僕らのやることは同じだった。満足感が全く得られなくなった。誰も演奏を聴くことができない。巨大なスケールの騒ぎに過ぎなかった。毎日変わり映えのないゴミを演奏し続けるから、ミュージシャンとしての腕も衰えた。何も満足できなくなった」＊7

スタジオでの制作で、腕前やスタジオ技術を追求する時間が増えたことにより、ビートルズの音楽はあっという間に新たな次元の複雑で洗練されたものになり、音楽の革新者としての地位を劇的に獲得。１９６６年8月に発売された『リボルバー』は、「儀式と芸術の中間に位置するアルバム…言葉の上でも音楽上でも、驚異的な躍進」と評される＊8。アルバム・ジャケットも、同じくらいに重要であった。オーブリー・ビアズリーの影響が見られる白黒の線画と写真をモンタージュしたイラストが独創的なジャケットは、1950年代や60年代には慣例だった「人物ジャケ」から大きく逸脱するものだ＊9。グラミー賞を受賞したそのジャケットを手がけたデザイナーはクラウス・フォアマンで、6年前にカイザーケラーの階段から響き渡るビートルズのサウンドを初めて聞いた結果、彼の人生とキャリアを決定的に方向転換させていたのであった。それでも、翌年発売された『サージェント・ペパーズ・ロンリー・ハーツ・クラブ・バンド』こそ、ビートルズを単なるミュージシャンではなく、文化・精神・知識におけるリーダーに押し上げたアルバムといえよう＊10。文芸評論家のケネス・タイナンは、当該アルバムを「西洋文明の歴史における決定的瞬間」と讃えた＊11。音楽に負けず注目を集めたのはそのジャケットで、ビートルズの周りに集められた80人前後の友人・英雄・師の中にハンブルク時代の人間は見当たらないが、オーブリー・ビアズリーの下、群集の左手に位置しているのは、スチュアート・サトクリフだ。

1967年8月にエプスタインが亡くなると、ステージ・アーティストだった過去のビートルズと現在を結ぶ、唯一の繋がりは無くなってしまう。1967年と1968年には、マハリシ・マヘーシュ・ヨーギーによる超越瞑想の教義と一時的に関係を持ったが、苛立ちと失意の結末を迎える。ビートルズが自ら監督を務めたテレビ映画『マジカル・ミステリー・ツアー』は、1967年のボクシング・デーにBBCで放映されると、総じて酷評された。レノンが1968年10月、ハリスンが1969年3月に逮捕され、その後もドラッグ関連で有罪判決を受けると、彼らは疎外感を強めるようになる。4人の間の溝は深まるばかりで、その結果、別々に活動する機会が急速に増え、個別のプロジェクトが目立つようになった。マッカートニーは1968年に、以下に挙げるアーティストのレコードを作曲したり、それに加えてプロデュースも手がけた──ブラック・ダイク・ミルズ・バンド（"Thingumybob"）、メリー・ホプキン（"Those Were the Days"、"Goodbye"）、ボンゾ・ドッグ・ドゥー・ダー・バンド（"I'm the Urban Spaceman"）。ハリスンは、『ワンダーウォール（不思議の壁）』（1968年、ジョー・マソット監督）のサントラの曲を書き、クリームと共作・レコーディングし（"Badge"）、ラダ・クリシュナ・テンプルの"Hare Krishna Mantra"をプロデュース。スターは、映画俳優として『キャンディ』（1968年、クリスチャン・マルカン監督）と『マジック・クリスチャン』（1969年、ジョゼフ・マクグラス監督）に出演。レノンの一幕ものの舞台劇『イン・ヒズ・オウン・ライト』が、1968年6月にロンドンのナショナル・シアターで上演され、レノンとヨーコ・オノの合同展覧会「ユー・アー・ヒア」が、ロンドンのロバート・フレイザー・ギャラリーで1968年7月に始まった。1968年1月に制作とマネジメントを行う独立系企業アップル・コアを設立し、エプスタインの死去により空いた穴を埋めようとしたビートルズであったが、バンドの結束力が高まることはほとんどなく、個別のプロジェクトは、ほどなくして次のようなソロのシングルやアルバムにまで広がる──レノンの『「未完成」作品第1番 トゥー・ヴァージンズ』（1968年11月）と『「未完成」作品第2番 ライフ・ウィズ・ザ・ライオンズ』（1969年5月）と"Give Peace a Chance"（1969年7月）、ハリスンの『電子音楽の世界』（1969年5月）、スターの『センチメンタル・ジャーニー』（1970年3月）、マッカートニーの『マッカートニー』（1970年4月）。

1968年8月、『ザ・ビートルズ』（通称『ホワイト・アルバム』）のレコーディング中にスターがバンドを辞め、2週間後に戻るよう説得された*12。1969年1月、『レット・イット・ビー』のセッションの真っ最中、ハリスンはビートルズを脱退すると宣言したが、1週間後に戻った*[13]。1969年9月、アップルのサヴィル・ロウにあるオフィスで開かれた重役会議で、レノンはリンゴを除く他の2人にバンドを脱退すると告げた*[14]。こんなことから、ビートルズを正式に脱退したと1970年4月にマッカートニーが公に発表すると、多くの人にとってそれは、既に決まっている悲劇に対する最終確認に過ぎなかった。

ポール・マッカートニー「ビートルズはチンピラ仲間であり、家族であり、生活環境そのものだった。紳士クラブとか、そういった類いをひっくるめたようなもの。お互い親友だった。お互いのことを、他の人が知らないようなことまで知っていた。全員にとって家族だった。解散したのはおそらく、家族としてこれ以上のものを与えられなくなったから。ビートルズは安全、温かさ、ユーモア、機知、富、名声を与えてくれた」*[15]

むろん、ビートルズのキャリアがその時点で終わることはなかった。定期的にリリースされる再発盤、新たに作られた編集盤に加え、彼らの物語は映画・テレビ・紙媒体で過去40年間発表され続けている。メンバー4人全員、ソロとしてのキャリアを築き、時折それぞれが、他の3人のうちの誰かと一時的に演奏活動をすることもある。4人の私生活は世界中のゴシップ紙で頻繁に取り上げられ、ビートルズと彼らの音楽に対する人々の熱狂は、1980年のジョン・レノンと、2001年のジョージ・ハリスンの死去をもってしても、衰えることはなかった。現在でもアップル(1970年から2007年まで最高責任者を務めたのはニール・アスピノール)が、ビートルズのビジネスと金銭面の窓口になっている。

1997年11月にエリザベス2世の金婚式を祝い、ホワイトホール宮殿のバンケティング・ハウスで午餐会が開かれると、集まった招待客に女王はこう言った「この50年は世界にとって驚くべきものでした…もしビートルズの音楽が存在しなかったら、どんなにつまらなかったでしょう」。その年の前半、ポール・マッカートニーがナイトの称号を授与し、2001年にリヴァプール・ジョン・レノン空港に名称を変更したことを考えれば、女王の発言は、イギリスの社会と文化の歴史でビートルズが果たした役割を決定づけるものといえるだろう。さらに、2010年6月にマッカートニーがホワイトハウスに招待され、ポピュラー・ソング分野に贈られる米国議会図書館ガーシュウィン賞を受賞した際、バラク・オバマ大統領はビートルズの功績を次のようにまとめた。

「ビートルズは最初のロックスターではありませんでした。扉を開いてくれたのは他の人々だと、彼らは真っ先に言うでしょう。それでも、他のみんなのために壁を吹き飛ばしてくれたのは、ビートルズです。短い数年の間に、彼らは我々の音楽の聴き方、音楽についての考え、音楽の演奏の仕方を、永久に変えました。ある世代全体にテーマソングを提供し続けました―それは、無限の可能性と大いなる変化を秘めた時代でした」

その場にふさわしく、マッカートニーが授賞式で演奏した6曲で弾いたベースはヘフナー500／1だった。それは、ビートルズが『エド・サリヴァン・ショウ』でアメリカのテレビ視聴者の前に初めて登場した時に使用し、それこそが1961年夏にハンブルクのスタインウェイの店で、30ポンドで購入したものだった（訳注：ハンブルクで取得した61年モデルをポールが使用したのは主に63年まで。61年モデルは72年に盗難に遭い、２０２４年に発見されて大きな話題となった）＊16。

ビートルズが空路でハンブルクを発った時、これから待ち受けている運命を彼らは知るよしもなかった。ハンブルクのクラブにある時点から戻らなくなってしまうことも、決定事項ではなかった。１９６１年のトップテン・クラブ常駐公演と、１９６２年のスター・クラブ常駐公演の間は、何と言っても９ヶ月も空いていたのだから。だが、１９６３年の大成功により、馴染みの会場で演奏できなくなることがすぐさま明らかになり（ハンブルクだけでなくリヴァプールもそうだ。その年の初頭にわずかな回数出演しただけで、涙の最終公演が8月にキャヴァーンで行われた）、一方でビートルズの成功に続くことを夢見るイギリスのバンドにとって、ハンブルクがエキサイティングで魅力溢れる場所であるという評判は益々高まった。

１９６０年代を通して（１９６９年12月31日の閉店イベントまで）、ハンブルク最高の会場はスター・クラブであり続け、ビートルズとの関係により、その比類無き評判はヨーロッパ中に知れ渡っていた。ハンブルクのもっと小さいクラブは、あまり知られていないイギリスとヨーロッパのバンド（チャンツ、リバーバーズ、ロードランナーズ、アイズ、ハーレムズを含む。多くはリヴァプール出身）を出演させ続ける一方で、スター・クラブもまた、店全体の音楽方針に2つの要素を加えた。まず、ロックンロールの黎明期にキャリアをスタートさせたアメリカ人スターを出演させる戦略を強化し、従来の出演者に加え、チャック・ベリー、ジョーイ・ディー・アンド・ザ・スターライターズ、ボ・ディドリー、エヴァリー・ブラザース、ジョニー・アンド・ザ・ハリケーンズを出演させた。第二に、１９６０年代半ばから末にかけて登場した「ロック」に対応するため、イギリスやアメリカの革新的であったり、

「アンダーグラウンド」な、以下のように多種多様なミュージシャンを目玉にした―ソフト・マシーン、ザ・フー、スプーキー・トゥース、ナイス、ヴァニラ・ファッジ、ジミ・ヘンドリックス、クリーム、スペンサー・デイヴィス・グループ、イエス、ドノヴァン、チキン・シャック、テイストを含む。ブリティッシュ・ビートとアメリカン・ロックンロールとモダン・ロックの組み合わせは―多くの場合、前座はローズ（The Lords）、ティーム・ビーツ、ジャーマン・ボンズ、リヴェッツ、ハウンド・ドッグス、ロリックスといったドイツのバンドだ―多様なサウンドやスタイルを見る・聴く機会を観客に与えたが、絶え間なく出演者が入れ替わることによって、1960年～62年のビートルズ、ローリー・ストーム・アンド・ザ・ハリケーンズ、トニー・シェリダン他にあった一貫性は失われた。その結果、密度の濃い現象であったハンブルクのシーンは、次第に全く違うものになっていった―ミュージシャンがキャバレー形式で次々と登場するようになり、彼らにとってのハンブルクは、数ある公演先の1つでしかなく、半永久的なホームではなくなってしまったのだ。

その一方で、この時期のハンブルクでの演奏には、人々の記憶に残るようなものが多い。1964年4月に録音されたジェリー・リー・ルイスのアルバム『ライヴ・アット・ザ・スター・クラブ、ハンブルク』は、ナッシュビル・ティーンズ（出身はサリー州ウェイブリッジ）がバック・バンドを務め、ロックンロール最高のライヴ・アルバムの一つであると広く認識されている。『サーチャーズ・アット・ザ・スター・クラブ』（1963年3月に録音）は、録音のクオリティにも関わらず、洗練されたサーチャーズのヒット曲からはあまり感じられない、奔放さと緊迫感がある。だが、新しい形の音楽制作とその発表方法は、1970年代初期までには固まってきており、パッケージ・ショウ型のツアーは単独コンサートに取って代わられ、クラブよりもスタジアムやアリーナが中心となり、コンセプト・アルバムがシングル盤のヒット曲の地位を奪おうとしていた。レーパーバーン界隈のクラブが名声を確立した多くのやり方は、少々古臭いとみなされるようになっていた。ハンブルクが音楽活動の中心地としての地位を失うことに繋がった革新性の多くは、皮肉なことにビートルズ自身が原因の大部分を作っていた。だが、地方のシーンというものは、短命で終わりがちである。1960年代半ばのサンフランシスコのヘイト・アシュベリー地区を例に取れば、それは明らかだ。トップテン・クラブとカイザーケラー（店名はコリブリに変更）は、1970年代にも店を開けていたが、スター・クラブの閉店はハンブルクの歴史において目を見張るような10年間を終わらせるには、十分だった。

ビートルズの物語で中心にいたり、あるいは周辺にいた人でさえも、元の生活に戻るのに苦労を強いられた。先にも書いたように、1960年10月にカイザーケラーを偶然訪れたことで、クラウス・

レーパーバーン通り136番地にある、かつてトップテンだった店の入り口。その前の店名ヒッポドロームが、まだ見て取れる

フォアマンの全未来は決定的に形作られた。彼は1963年にイギリスに移住、リヴァプールのバンドであるアイズに加入し、1965年にはパディ・チェンバー(ファロンズ・フラミンゴスとビッグ・スリーにいたギタリスト兼ヴォーカリスト)と、ドラマーのギブソン・ケンプ(メンフィス・スリーを去り、リンゴ・スターの後任でローリー・ストーム・アンド・ザ・ハリケーンズに在籍していた)と共に、パディ・クラウス・ギブソンの創設メンバーになる。しばらくブライアン・エプスタインが彼らのマネージャーを務めていたが、成功には至らず、1966年6月に解散した。1969年6月までフォアマンはマンフレッド・マンに在籍し、脱退後は、長く輝かしいセッション・ミュージシャンとしてのキャリアをスタートさせる。スター、レノン、ハリスンのソロ・アルバム(他にもハリー・ニルソン、カーリー・サイモン、ルー・リードを含む、数多くのアーティストの作品に参加)で演奏する以外にも、ジョン・レノンのプラスティック・オノ・バンドや、ジョージ・ハリスン・アンド・フレンズの一員として、頻繁にステージに立った。さらに『リボルバー』のデザイナーを務めたおかげで仕事が無数に舞い込むようになり、1995年にはビートルズの『ザ・ビートルズ・アンソロジー』3枚のジャケット・デザインも手がけた。2002年11月にロンドンのロイヤル・アルバート・ホールで行われた「コンサート・フォー・ジョージ」でも出演者の1人として、再びマッカートニー、スター、ビリー・プレストンと共に演奏した。2003年には回想録を出版*17。2009年の初のソロ・アルバム『サイドマンズ・ジャーニー』には、マッカートニーとスターを含む様々なミュージシャンがゲスト参加し、ハンブルク時代の"Blue Suede Shoes"や"You're Sixteen"をカヴァーしている。そして1990年以降、フォアマンはハンブルクで再び暮すようになった(訳注:現在はミュンヘン在中)。

アストリット・キルヒヘルは、1960年代初期から写真家として断続的なキャリアを築く。

1964年には『シュテルン』誌の依頼で『ハード・デイズ・ナイト』を撮影中のビートルズを撮影、1968年には彼女の写真が、ジョージ・ハリスンの『不思議の壁』のインナー・スリーブに使われた。1967年にはギブソン・ケンプと結婚して、7年後に離婚、ドイツ人ビジネスマンと2度目の結婚をしたが、1985年に離婚している。1994年に公開された『バック・ビート』（キルヒヘルの役をアメリカ人女優シェリル・リーが演じた）により、彼女がハンブルクで撮ったビートルズの写真が再び人々の関心を呼ぶ。それ以来、彼女の作品は世界中で展示され、『イエスタデイ：ザ・ビートルズ・ワンス・アポン・ア・タイム』と『ハンブルク・デイズ』（クラウス・フォアマンとの共著）を含む数冊の本にまとめ直された。2010年には、自身とスチュアート・サトクリフとビートルズの物語を描いたグラフィック・ノベル『ベイビーズ・イン・ブラック』の制作で、作家でイラストレーターのアルネ・ベルストルフに協力し、フォアマン同様、彼女は世界中のビートルズ・コンベンションに登壇者として熱心に参加している（訳注：2020年死去）。

ユルゲン・フォルマーは、1969年にパリからニューヨークに移住した後にハリウッドに引っ越し、写真家・作家として働く。1975年に彼はレノン（及びフォアマン）とニューヨークで再会する。そして『ロックン・ロール』のジャケット・デザインを依頼され、14年前に自身がイエーガーパサージュで撮影した、革ジャンを着るレノンの写真がジャケットに使用されることとなった。また、フォト・ジャーナリズムに関する本を何冊も出版した。中にはビートルズだけを取り扱った3冊の本、『ロックンロール・タイムズ―ザ・スタイル・アンド・スピリット・オブ・ザ・アーリー・ビートルズ・アンド・ゼア・ファースト・ファンズ』、『ザ・ビートルズ・イン・ハンブルク』、『フロム・ハンブルク・トゥ・ハリウッド』もある。2000年にハンブルクに戻った彼は、今でもかの地で写真家として働いている。

インドラでビートルズを初登場させ、次にカイザーケラーに出演させたブルーノ・コシュミダーは、1960年代初頭から後の年月は振るわなくなる。トップテン・クラブやスター・クラブが引き上げたレベルまで、所有するクラブを改良することができなかったか、その気も無かったのか、野心家の商売敵の店が繁盛する横で、自分のクラブが廃れて閉店するのを見守るしかなかった。2000年に亡くなるまでの数年は、レーパーバーンにある生のぞき見ショウのチケットもぎり兼責任者として、貧しく落ちぶれた生活を余儀なくされた。単独の会場としてはビートルズ最長の常駐公演――1961年のトップテン・クラブ14週連続公演――を主催した栄誉に預かるペーター・エックホーンは、1960年代から70年代にかけて引き続きトップテンのライヴを手がけた（1962年のスター・クラブ開店以降は、以前のような賑わいをみせなくなるのだが）。1978年に亡くなり、最終的にトップテンは1981年に閉店した。

マンフレッド・ワイスレダーは、成功した企業家としての数年間を満喫する。彼はリヴァプール出身のジョー・フラナリー（リー・カーティスの兄）を説得し、1960年代半ばまでスター・クラブを手伝わせることにより、2都市間の密な関係をどうにか保ったが、ハンブルクの外にも関心を向けるようになり、ドイツを巡るツアーを企画・プロモーションするようになる。1963年にはスター・クラブ・レコード・レーベルを発足し（リバーバーズやイアン・アンド・ザ・ゾディアックスを含む、多数のリヴァプールのバンドのアルバムを発売）、1965年には『マージー・ビート』紙のハンブルク版である『スター・クラブ・ニュース』を発刊し始める。商売感覚の鋭さから、ハンブルクの音楽シーンの最盛期が過ぎたことが明らかになると、クラブ経営から撤退。スター・クラブが1969年に閉店した後、ドイツ初の「セックス劇場」サランボが入居したが、1983年2月にビル自体が火事で焼け落ちてしまう。ワイスレダーは1980年に亡くなった。

ホルスト・ファッシャーはビートルズ同様、カイザーケラーからトップテン、さらにスター・クラブへと場を移し、セキュリティ、マネジメント、運営を網羅する様々な役割を担った。1960年代末と1970年代初期に東南アジアで数年暮らした後、新スター・クラブ開店（オープニングの目玉はトニー・シェリダンだった）のために1978年ハンブルクに戻る。グロースノイマルクトから入ったアルター・シュタインヴェーク43番地の、コットン・クラブから数軒ばかり行った先のその店が1980年に閉店した後、ファッシャーはマネージャーをしたり、時折プロモーターの仕事を中心にやっている。自伝『レット・ザ・グッド・タイムズ・ロール！』（2006年）でビートルズとの思い出を出版し、今でもハンブルクのエンターテインメント産業の末端に位置している。

インドラ・クラブの外には、1960年8月17日、ビートルズのインドラ初出演を記念したプレートが、さび付いたまま掲げられている

ジャズの歴史ある土地として確固たる地位を築いたニューオーリンズや、1977年にエルヴィス・プレスリーが亡くなった後、ロックンロール体験ができる町を目指すメンフィス（観光の目玉はサン・スタジオとグレースランドだ）を除けば、ポピュラー音楽との繋がりを積極的に謳う都市は少ない。リヴァプールでさえも、初代キャヴァーン・クラブ（1973年に国鉄の通気口建設のため取り壊され、計画が頓挫した後に駐車場になった）からマシュー・ストリートを数十メートル行った先に、新店舗が1984年にオープンするまでは、ビートルズの成功を誇りに思っているようには到底見えなかった。新キャヴァーン・クラブのオープン以来、バラエティ豊かなスポットやクラブが、観光名所に加わるようになった。ビートルズ解散から20年経った1990年5月には、ビートルズ・ストーリー（博物館と展覧会）がアルバート・ドックにオープン。ビートルズ関連の場所を巡るバスツアーもある。レノンとマッカートニーが子供の頃に住んでいた家はナショナル・トラストが購入し、一般公開されている。カスバ・クラブは綺麗にされ、ガイド付きのツアーを定期的に開催している。毎年8月には、インターナショナル・ビートルズ・ウィークが開催される。2008年には、ビートルズをテーマにしたハード・デイズ・ナイト・ホテルが、計画に数年を要した後に完成した。

対照的にハンブルクには、ビートルズの物語でかの地が果たした役割を全く知らない観光客に、ヒントを与えるようなものがあまり無い。2009年6月、6階建てのビートルマニア・ミュージアムが、レーパーバーンの織物工場跡地にオープンした。ビートルズ関連スポットのガイド・ツアーを提供する会社は2社ある。インドラ・クラブの外に掲げられた小さなプレートは、ビートルズがハンブルクで初出演をした大事な場であることを証明している。スター・クラブ跡地の近くには大理石でできた大きな記念碑があり、１９６２年4月から１９６９年12月の間に演奏したミュージシャンの一部が列記されている。グローセ・フライハイトとレーパーバーンの交差点には、５人のビートルズのシルエットをアルミでかたどったオブジェが集まって立っている。１９６０年代初期に際立つ活気と独自のコミュニティが存在したこのエリア自体は、往年の輝きを失っており、昔はライヴ演奏を聴かせた店も、ほとんどがバーかディスコになっている。セックス産業はまだ残っており、週末には若者や観光客が主な通りを訪れるが、辺りには虚しい、一体感の無いムードが漂っている。とりわけ日中は顕著で、ソーホーやアムステルダムの風俗エリアの持つ、無国籍な活気とは趣を異にしている。

リヴァプールとハンブルクが正反対の方向に進んでいるのは、おそらく後者が、ビートルズ目当ての観光客を呼び込む努力をさほどしていないからであろう。１９６０年から２０１０年の半世紀、ハンブルクの人口は比較的安定しており（１７０万人〜１８０万人）、１９９０年のドイツ再統一によるベルリン復興後も、ハンブルクはドイツで最も経済的に豊かな都市の地位を保っていた。同時期のリヴァプールの人口は、70万人から46万人へと激減している。また、政治的・経済的に盛り上げる目的

グローセ・フライハイトとレーパーバーンの交差点には、新たに名付けられた「ビートルズ広場」の標識が掲げられ、ハンブルクがビートルズとの繋がりを、遅ればせながら認めたことが分かる

で、1984年にナショナル・ガーデン・フェスティバルをイギリスで初めて開催する栄誉を与えられ、2008年に欧州文化首都に選出される誉れに預かったにも関わらず、リヴァプールは、失業、都市犯罪、貧困、社会的に孤立したイメージを完全に払拭できないでいる*[18]。それ故、活力に満ちた観光客に優しい街に生まれ変わるための運動の重要な一環として、ビートルズの物語を熱心に活用しているのだ。2007年の国際奴隷制博物館（こちらもアルバート・ドックにある）をオープンさせたのに並び、ビートルズを宣伝するのは、リヴァプールの歴史を受け入れ、そのエッセンスを自国や世界の大衆が消費できるように提供しようという、一致団結した試みなのだ。対するハンブルクの未来は確かなものに見え、14世紀にハンザ同盟加入の権利を得た時と同じ土台―商業と事業の専門性がもたらす経済的な繁栄―に立脚しているようだ。21世紀の今、ハンブルクの住人で自分たちの街がポピュラー音楽の進化に果たした役割に気づいているのは、極わずかだといえよう。ビートルズ物語は、ハンブルクの公な歴史の一部になったことはない。大雑把にまとめると、リヴァプールにはビートルズが必要で、ハンブルクには必要ないのだ。

結び――長く曲がりくねった道

イギリスのバンドがドイツの観客に向けてアメリカの音楽を演奏するとは、音楽がどれほど立地と密接に結びついているか、はっきりと認識させられる話だ。どのような場で、どの曲を演奏し、どんな曲が聴かれるかは、意味を定義し、アイデンティティを確立し、ある種の個人的・集団的反応を生み出す上で、音楽それ自体と同じくらいに重要である。

「音楽には場がある――静かな場所、うるさい場所、親しみの持てる場所、懐かしい場所、他とは違う場所。同時に音楽のダイナミズムは、変化を繰り返す生活をも反映する…ライヴ演奏は、地域独自のシーンを作り、その場にいる者に一体感をもたらす。演奏家と観客の間の社会的繋がりは、音楽と場の間の結びつきを強化するものである」*1

従って、例えばビートルズが"Twist and Shout"を歌うのを、ロンドンのプリンス・オブ・ウェールズ・シアターで行われたロイヤル・バラエティ・パフォーマンスの招待客の一員として聴くのと、同曲をそのほんの数ヶ月前にキャヴァーンで聴くのは、同じことではない。たとえ録音された音楽であっても、それが聴かれる状態で変化するものだ。夜遅くワンルームの部屋で一人聴くのと、騒がしいパーティの最中に聴くのでは、違って聞こえるはずだ。ポピュラー音楽の歴史には、歌が特定の条件下において他の、しばしば濃厚な「意味」を持つ実例が数多くある。ジョーン・バエズの"We Shall Overcome"、アニマルズの"We Gotta Get Out of This Place"、セックス・ピストルズの"God Save the Queen"はそれぞれ、1960年代初期の公民権運動のデモ参加者、1970年代初期の在ベトナム米軍、イギリスで1970年代半ばから末にかけて増加していた若い失業者にとって、21世紀現在のリスナーの感じる曲の特徴とは異なる意味を持っていた。この観点からいくと、インドラ、カイザーケラー、トップテン・クラブ、スター・クラブでビートルズが提供していた音楽もまた、それぞれの場所・時間・観客に特有のものである。

これらはどれも改装された店舗で、ヨーロッパの主要都市の悪名高き風俗街にある2本の通りに、数百メートルに渡って広がるエリアに建つ、限られた場だ。時代は、政治の上で言えば第二次世界大戦の記憶と冷戦の現実が交差し、文化の上では1950年代の文学・芸術・知識の分野における保守に対する反動の高まりがあり、音楽の上では、ロックンロールの破壊的なエネルギーと、ありきたりで受け身なポップスの間の揺れ動きを特徴としていた*2。観客としては、一時滞在の船員、ミドルクラスのビジネスマン、労働者階級の若者が入り混じっており、異なる理由でザンクト・パウリに惹き付けられ、それぞれ個別の集団（重なる部分もある）で共存していた。音楽を提供していた5人のイギリス人ティーンエイジャーは、音楽家よりもエンターテイナーに徹しろ、と最初は言われていた。そして何よりもそれは、小さな自己完結型のシーンだった。ハンブルクの住人の大半は、グローセ・

フライハイトとレーパーバーンの店も、そこで演奏するミュージシャンのことも、ほとんど何も知らなかったのだ。

このように様々な要素の珍しい組み合わせが、世界中に広まることになる音楽の革命を起こしたとは、信じられないほどだ。そのほとんどが無計画に行われ、偶然の出来事や不意の出会いによるものであることを考えれば、いっそう圧倒される。アイヴァン・ヴォーンがポール・マッカートニーに、ジョン・レノンに会うように勧めたこと。アラン・ウィリアムズが偶然、ソーホーでブルーノ・コシュミダーに会ったこと。クラウス・フォアマンが、衝動的にザンクト・パウリに行こうと決めたこと。スチュアート・サトクリフとアストリット・キルヒヘルがお互いに惹かれたこと。リンゴ・スターとビートルズがカイザーケラーに出演するタイミングが、偶然に重なったこと。ベルト・ケンプフェルトが、スタジオでビートルズにトニー・シェリダンのバックを務めさせようとひらめいたこと。驚くべきことにブライアン・エプスタインが、ビートルズのマネジメントを申し出たこと。以上の事柄のどれを欠いても、ビートルズの物語は違う展開になっていたはずだ。歴史の解説の中には、ストーリーを仕立てあげ、有りもしない順番を強引に作り、長く曲がりくねった道ではなく、まっすぐな経路を見いだす試みが含まれるのが常である。だが、小説家のウィリアム・ボイドが『エニー・ヒューマン・ハート』で断言する通り、「我々人間の人生は、そんな風にはできていない…もっとごちゃごちゃしていて、反動や繰り返しがランダムにある…論理的で予測可能な展開は、決して起こらない」*3。

むろん、単なる偶然の重なりでビートルズの物語ができたと主張するつもりはない。ビートルズのキャリアを押し上げた個別の状況の多くは、自然発生したものだが、彼ら自身がやらなくてはいけないことは山ほどあり、その多くは、音楽にまつわるものだ。次のような意見もある。「音楽には社会的に重要な意味がある。その根拠としては、音楽は人々がアイデンティティと場、そしてそれらを分かつ境界線を認識させる手段を提供するものであることが大きい（それが全てではないにしても）」＊4。ビートルズがハンブルクに滞在した年月、彼らの音楽を楽しむことは、まさに演者と観客を結び付ける排他的なコミュニティの一員となることであり、それは二度と繰り返すことのできない時と場だったのである。以上のことから、ビートルズが１９６２年以降、ハンブルクのクラブに戻ることができなかったのは、過密スケジュールや出演料が高くなったこと、法律上の手続きの煩雑さだけが理由ではない。ビートルズの作り上げたコミュニティ、すなわちシーンが、もはや存在しなかったからなのである。

とはいえ、１９６６年６月のエルンスト・メルク・ハレ出演に加え、ビートルズは個別にハンブルクに戻ってはいる。１９６６年10月に『ジョン・レノンの 僕の戦争』（１９６７年、リチャード・レスター監督）の出演シーンをリューネブルクで撮影した際、レノン（と共演者のマイケル・クロフォード）は、キルヒヘルに会いにハンブルクに少しの間立ち寄っている。１９７８年12月にスターとハリスンは、ファッシャーが新装開店させたスター・クラブのオープニング・ナイトに出席している。ハリスンはまた、１９９２年３月にハンブルクを訪れ、トム・ペティのコンサートをアルスタードルファー・シュポルトハレで観ている。１９９２年７月と１９９８年９月にスターは、彼のオール・スター・バンドと共にハンブルクを訪れ、シュタットパルク・フライリヒトビューネでコンサートを開催。また、ハンブルクに戻ってコンサートをやり、自身の71歳の誕生日（７月７日）も祝う予定であると、スターは２０１１年初頭に発表している＊5。マッカートニーも何度かハンブルクで演奏をしている。１９８９年10月にアルスタードルファー・シュポルトハレ、２００３年５月にＡＯＬシュタディオン、２００９年12月にカラー・ライン・アレーナでコンサートをしたのに加え、ツアーを記録したドキュメンタリー映画『ゲット・バック』（1991年、リチャード・レスター監督）のプレミア上映を記念して、シュピールブーデンプラッツのシュミッツ・ティヴォリで記者会見を開いている。

レノン、マッカートニー、ハリスンが（とりわけソロになってから）他のメンバーとの関係や、彼らの人生でめぼしい人や場所について、数え切れないほどの曲を書いたことを思えば（レノンの"Strawberry Fields Forever"、"Mother"、"How Do You Sleep?"、"New York City"。マッカートニーの"Penny Lane"、"Mull of Kintyre"、"London Town"、"Here Today"。ハリスンの"Apple Scruffs"、"His Name Is Legs (Ladies and Gentlemen)"、"Soft-Hearted Hana"、"All Those Years Ago"）、彼らのどの曲にもハンブルクとその関係者が登場しないのは不思議だ。ピート・ベスト、スチュアート・サトクリフ、アストリット・キルヒヘル、トニー・シェリダン、その他へのあからさまな言及を避けるのは、あの頃のことを掘り起こしたくないという意図があるのか、もはやあまりに遠い出来事ではっきりと思い出すのが難しいのか、定かではない。だが、ビートルズ物語の大切な1章の中で、どんな形であれ唯一歌に記録されていないことは間違いない。対照的に、1960年夏にハンブルクにビートルズがやって来た時に、彼らのレパートリーの大部分を占めたロックンロールの古典は、全員が積極的に取り上げている。そういった初期の曲の飾り気の無いバージョンは、レノンの『ロックン・ロール』（"Be-Bop-a-Lula"、"Sweet Little Sixteen"、"Bony Moronie"、"Ain't That a Shame"）、マッカートニーの『バック・イン・ザ・U.S.S.R.』（"Twenty Flight Rock"、"Lucille"、"That's All Right Mama"、"Lawdy, Miss Clawdy"）と『ラン・デヴィル・ラン』（"Blue Jean Bop"、"All Shook Up"、"Honey Hush"、"I Got Stung"）に収められ、スターによる一連のオール・スター・バンドとのアルバムでは、"Boys"、"You're Sixteen"、"Honey Don't"が取り上げられている。チャンネル4で放映された『ブルー・スエード・シューズ』（1985年、トム・ガタリッジ監督）でハリスンは、10年以上ぶりにライヴ出演し、カール・パーキンスとノスタルジックなデュエットを披露し、"Everybody's Trying to Be My Baby"、"Your True Love"、"Gone, Gone, Gone"、"Blue Suede Shoes"を演奏している。

肉体的に辛く、精神的にも疲れるものだったハンブルクでの演奏活動を体験したことで、ビートルズに次のような数多くの利点がもたらされた――既存曲にはどんなものがあるか幅広く知る必要に迫られたことで、より広範囲な音楽ジャンルに手を伸ばすようになった。自分たちのソングライティングを向上させる野心がもたらされた。観客とのコミュニケーションの仕方を学んだ。競争の激化により常にライバルと比べられることで、芸術ぶった自己満足に陥るひまがなかった。故郷リヴァプールの外でも人気者になり、成功をおさめることが可能だと理解した。そして何よりも、本能からくる自信と自然な無礼さが身についた――それは他の多くのポピュラー音楽のミュージシャンの敬意ある態度や、気後れしたように見えたり、作り物のように見えるキャラクターとは、一線を画すものだ。本書の冒頭に記した私の主張を繰り返せば、ビートルズの音楽は、間違いなく彼らの功績の主な要素だが、音楽だけが物語の全てではない。リヴァプールからハンブルク、そしてロンドン、アメリカ、さらに世界へと羽ばたいた物語全体は、悲劇と喜劇、事実とフィクション、肯定と否定が予想外に入り混じったものから成り、多くの新たな重要人物が登場し、馴染みのキャラクターの幾人かは去り、英雄と悪役、聖人と罪人の判別が付かず、関連の無い、思いも寄らない幅広い場所に及ぶものである。半世紀以上経っても、ビートルズ物語は終わっていない。まだ結末を待っている逸話があり、到達していない結論もある。それでも、ビートルズの軌跡の序章で語られることの多くは――さらにそれにより引き起こされる出来事の多くは、ハンブルクのクラブやストリートで発生し、描かれたのだ。

注

前書き——長期巡業

＊1　Allan Williams and William Marshall, *The Man Who Gave The Beatles Away* (London, 1975), p. 199.

＊2　The Beatles, *Anthology* (London, 2000), p. 49.

＊3　Hunter Davies, *The Beatles: The Authorised Biography* (London, 1968), p. 105.

＊4　Geoffrey and Brenda Giuliano, eds, *The Lost Beatles Interviews* (London, 1995), p. 207.

＊5　Pauline Sutcliffe and Douglas Thompson, *The Beatles' Shadow: Stuart Sutcliffe* (London, 2002), p. 92.

＊6　Ray Coleman, *McCartney: Yesterday and Today* (London, 1995), p. 61.

＊7　The Beatles, *Anthology*, p. 58.

＊8　例えば、*Philip Norman*, Shout! The True Story of The Beatles (London, 1981), p. 95; Gareth L. Pawlowski, *How They Became The Beatles* (New York, 1989), p. 33; Bob Spitz, *The Beatles* (New York, 2005), p. 235; Jonathan Gould, *Can't Buy Me Love* (New York, 2007), p.79. を見よ。

＊9　Thom Keyes, *All Night Stand* (London, 1966).

＊10　Mark Shipper, *Paperback Writer* (New York, 1978).

＊11　例えば、Dieter Beckmann and Klaus Martens, *Star-Club* (Hamburg, 1980); Thomas Rehwagen and Thorsten Schmidt, *Mach Schau! The Beatles in Hamburg* (Bremen, 1992); Hans Olaf Gottfridsson, *Beatles From Cavern to Star-Club* (Stockholm, 1997). を見よ。

＊12　例えば、Alan Clayson, Hamburg: *The Cradle of British Rock* (London, 1997). を見よ。

＊13　Mark Lewisohn, *The Complete Beatles Chronicle* (London, 1992), p. 86.

＊14　Ron Jones, *The Beatles' Liverpool* (Liverpool, 1991), p. 40.

＊15　Michael Lynch and Damian Smyth, *The Beatles and Ireland* (Cork, 2008), pp. vi–vii.

＊16　David Jones, *The Beatles and Wales* (Cardiff, 2002), p. x.

＊17　Ken McNab, *The Beatles in Scotland* (Edinburgh, 2008), p. viii. 183

＊18　Glenn A. Baker, *The Beatles Down Under* (Buckingham, 1996), p. 133.

1　ビートルズ以前のハンブルク、ハンブルク以前のビートルズ

＊1　それらのエリアは多くの点で、１９７０年代以降に世界的な規模に拡大する「買春ツアー」産業の、それぞれの国における先駆けとなった。以下参照。Chris Ryan and C. Michael Hall, *Sex Tourism: Marginal People and Liminalities* (London, 2001); Jeremy Seabrook, *Travels in the Skin Trade: Tourism and the Sex Industry* (London, 2001).

＊2　Ortwin Pelc, 'Hamburg 1960', in *The Hamburg Sound*, ed. Ulf Krüger and Ortwin Pelc (Hamburg, 2006), p. 178.

＊3　Alan Clayson, Hamburg: *The Cradle of British Rock* (London, 1997), p. 86.

＊4　Pete Best and Patrick Doncaster, *Beatle! The Pete Best Story* (London, 1985), p. 70.

＊5　Ulf Krüger, 'Mr Beat: Manfred Weissleder and the Star-Club', in *The Hamburg Sound*, ed. Krüger and Pelc, p. 50.

＊6 Philip Norman, *John Lennon: The Life* (London, 2008), p. 200.

＊7 1963年には英国共産党の機関紙『デイリー・ワーカー』が、こう容赦なく断言した「マージー・サウンドとは、8万軒の崩れそうな家と、失業手当を受ける3万人の人が立てる音だ」。以下参照。Hunter Davies, *The Beatles: The Authorised Biography* (London, 1968), p. 201.

＊8 Sara Cohen, *Rock Culture In Liverpool* (Oxford, 1992), pp. 9–11.

＊9 Ray Coleman, *John Lennon* (London, 1984), p. 1984.

＊10 Hunter Davies, *The Quarrymen* (London, 2001), pp. 35–54. を見よ。

＊11 彼らの出会いの詳細については、Jim O'Donnell, *The Day John Met Paul* (New York, 1994). を見よ。

＊12 アメリカの社会学者ヴァルター・ベンヤミンにより知られるようになったフラヌールは、19世紀と20世紀初期の都市部の住人を表す、次のような概念だ。「独立心旺盛だが金の無い若い男。たいてい画家か作家で、通りやカフェをうろつきながら、シニカルで強い渇望を抱きつつ、都会に憧れ、欲望し、貪る者」。以下参照。Sharon Zukin, *The Cultures of Cities* (Cambridge, ma, 1995), p. 188.

＊13 Barry Miles, *Paul McCartney: Many Years From Now* (London, 1997), p. 42.

＊14 George Harrison, *I Me Mine* (London, 1980), p. 20.

＊15 Pauline Sutcliffe and Douglas Thompson, *The Beatles' Shadow: Stuart Sutcliffe* (London, 2002), p. 18.

＊16 ニール・アスピノールは、ビートルズの活動期間を通して彼らを支え、最終的にはアップルの代表になった。2007年に退社し、2008年に亡くなった。

＊17 Allan Kozinn, *The Beatles* (London, 1995), p. 16.

＊18 Phil Cohen, 'Out of the Melting Pot, Into the Fire Next Time', in *Imagining Cities*, ed. Sallie Westwood and John Williams (London, 1997), p. 78.

＊19 Davies, The Beatles, p. 85.

＊20 Johnny Gentle and Ian Forsyth, *Johnny Gentle and The Beatles' First Ever Tour* (Runcorn, 1998). を見よ。

＊21 Edward Shils, *The Intellectuals and the Powers* (Chicago, 1972), p. 139.

＊22 Tom Maschler, *Declaration* (London, 1957), p. 3.

＊23 Philip Norman, *Shout! The True Story of The Beatles* (London, 1981), p. 74.

2 セックス&ドラッグ&ロックンロール

＊1 ビートルズも熱意を持ってこのようにヨーロッパの女性を崇めた。ポール・マッカートニーはこう認めている。「ジョンと僕は10代の頃はブリジット・バルドーに性的欲求を抱き、ガールフレンドに彼女の真似をさせようとした。彼女こそ張本人、最初の女。女性のヌードかセミ・ヌードを見るのは彼女が初めてだった。最高のルックスで、しかもフランス人…女性美そのものだった」。以下参照。Barry Miles, *Paul McCartney: Many Years From Now* (London, 1997), p. 69.

＊2 Ray Coleman, *John Lennon* (London, 1984), p. 99.

＊3 Chris Salewicz, McCartney: *The Biography* (London, 1986), p. 92.

＊4 Philip Norman, *John Lennon: The Life* (London, 2008), p. 190.

＊5 George Harrison, *I Me Mine* (London, 1980), p. 22.

＊6 Jonathan Gould, *Can't Buy Me Love* (New York, 2007), p. 22.

＊7 この戦いについては、映画『ゼアーズ・イズ・ザ・グロー

リー』（1946年、ブライアン・デズモンド・ハースト監督）に正確に描かれており、『遠すぎた橋』（1977年、リチャード・アッテンボロー監督）にはドラマチックに脚色されて描かれている。

＊8　レーパーバーンの名前は、船の索具の提供及び修理の拠点をこの地に作った縄職人の活動から来ている。グローセ・フライハイト（文字通り「大いなる自由」の意味）は、よくこの地域の性的自由を表していると思われるが、実際は、並行して走るクライネ・フライハイト（小さい自由）と共に、17世紀アルトナ自由区の貿易と宗教の自由を指している。

＊9　Pete Best and Patrick Doncaster, *Beatle! The Pete Best Story* (London, 1985), p. 33.

＊10　Allan Williams and William Marshall, *The Man Who Gave The Beatles Away* (London, 1975), p. 153.

＊11　Coleman, *John Lennon*, p. 101.

＊12　Best and Doncaster, *Beatle!*, p. 39.

＊13　Bob Spitz, *The Beatles* (New York, 2005), p. 208.

＊14　Peter Jackson, *Maps of Meaning* (London, 1989), pp. 86–7.

＊15　Miles, *Paul McCartney*, p. 58.

＊16　例えば、Jack Kerouac, *On the Road* (New York, 1957). を見よ。

＊17　Harry Shapiro, *Waiting for the Man: The Story of Drugs and Popular Music* (London, 1988), p. 88.

＊18　Ibid., p. 88.

＊19　Cynthia Lennon, *John* (London, 2005), p. 76.

＊20　Spitz, *The Beatles*, p. 217.

＊21　Norman, *John Lennon*, p. 202.

＊22　Geoffrey Giuliano, *Blackbird* (London, 1991), p. 43.

＊23　Peter Brown and Steven Gaines, *The Love You Make: An Insider's Story of The Beatles* (New York, 1983), p. 38.

＊24　Best and Doncaster, *Beatle!*, p. 42.

＊25　Pauline Sutcliffe and Douglas Thompson, *The Beatles' Shadow: Stuart Sutcliffe* (London, 2002), p. 131.

＊26　Miles, *Paul McCartney*, p. 66.

＊27　Spitz, *The Beatles*, p. 219.

＊28　Coleman, *John Lennon*, p. 109.

＊29　Geoff Wills and Cary L. Cooper, *Pressure Sensitive: Popular Musicians Under Stress* (London, 1988), pp. 74–103. を見よ。

＊30　マックス・ヴェーバーは行為を次の4つに類型している―"zweckrational"（目的合理的）、"wertrational"（価値合理的）、情緒的・感情的、伝統的・慣習的。以下参照。Max Weber, *The Theory of Social and Economic Organization* (New York, 1947), pp. 115–118.

＊31　Sutcliffe and Thompson, *The Beatles' Shadow*, pp. 131–2.

＊32　Norman, *John Lennon*, p. 267.

＊33　Goldman, *John Lennon*, pp. 122–3.

＊34　Sutcliffe and Thompson, *The Beatles' Shadow*, pp. 132–4.

＊35　裁判の詳細については、Bernard Levin, *The Pendulum Years* (London, 1970), pp. 280–92. を見よ。

＊36　Philip Larkin, *High Windows* (London, 1974), p. 28.

＊37　Miles, *Paul McCartney*, pp. 70–71.

＊38　Best and Doncaster, *Beatle!*, p. 50.

＊39　Williams and Marshall, *The Man Who Gave The Beatles Away*, pp. 174–6.

＊40　Coleman, *John Lennon*, p. 110.

＊41　See Lennon, *John*, pp. 89–95.

＊42　Philip Norman, *Shout! The True Story of The Beatles* (London, 1981), p. 83.

＊43　Williams and Marshall, *The Man Who Gave The Beatles Away*, pp. 166–7.

＊44　Sutcliffe and Thompson, *The Beatles' Shadow*, pp. 82–3.

＊45　Manuel Castells, *The City and the Grassroots* (London, 1983), p. 140.

＊46　Ken Sharp, 'Jurgen Vollmer', *Goldmine*, 451 (7 November 1997).

3　恋人たち、友人たち（未だ忘れられない）

＊1　Sam Leach, *The Rocking City* (Liverpool, 1999), p. 83.

＊2　Pete Best, *The Best Years of The Beatles* (London, 1996), p. 53.

＊3　Johnny Gentle and Ian Forsyth, *Johnny Gentle and The Beatles' First Ever Tour* (Runcorn, 1998), p. 28.

＊4　The Beatles, *Anthology* (London, 2000), pp. 48–9.

＊5　Alan Clayson, *Ringo Starr* (London, 1991), p. 56.

＊6　Philip Norman, *Shout! The True Story of The Beatles* (London, 1981), pp. 42–3.

＊7　The Beatles, Anthology, p. 48.

＊8　例えば、Spencer Leigh, *Drummed Out! The Sacking of Pete Best* (Bordon, Hants, 1998); Ian Inglis, 'Pete Best: History and His Story', *Journal of Popular Music Studies*, xi/12 (2000), pp. 103–24. を見よ。

＊9　Jonathan Gould, *Can't Buy Me Love* (New York, 2007), p. 127.

＊10　D. J. Walmsley, *Urban Living* (London, 1988), p. 153. を見よ。

＊11　Ash Amin and Nigel Thrift, *Cities: Reimagining the Urban* (Cambridge, 2002), p. 46.

＊12　Jürgen Vollmer, *The Beatles in Hamburg* (Munich, 2004), p. 5.

＊13　Klaus Voormann, 'Please Please Me', in *The Times Guide to The Beatles*, ed. Richard Whitehead (London, 2009), p. 8.

＊14　Pauline Sutcliffe and Douglas Thompson, *The Beatles' Shadow: Stuart Sutcliffe* (London, 2002), p. 98.

＊15　Mick Farren, *The Black Leather Jacket* (London, 1985), p. 26.

＊16　Gould, *Can't Buy Me Love*, p. 85.

＊17　Barry Miles, *Paul McCartney: Many Years From Now* (London, 1997), pp. 63–5.

＊18　Vollmer, *The Beatles in Hamburg*, p. 9.

＊19　Bob Spitz, *The Beatles* (New York, 2005), p. 223.

＊20　Robert Love, ed., *Harrison: By the Editors of Rolling Stone* (New York, 2002), p. 61.

＊21　Gould, *Can't Buy Me Love*, p. 87.

＊22　Sutcliffe and Thompson, *The Beatles' Shadow*, p. 97.

＊23　例えば、Norman, *Shout!*, p. 141; Chet Flippo, *McCartney: The Biography* (London, 1988), pp. 163–4; Tony Bramwell, *Magical Mystery Tours* (New York, 2005), p. 63. を見よ。

＊24　例えば、Albert Goldman, *The Lives of John Lennon* (London, 1988), pp. 136–7; Frederick Seaman, *John Lennon: Living on Borrowed Time* (London, 1991), p. 67; Sutcliffe and Thompson, *The Beatles' Shadow*, pp. 132–4. を見よ。

＊25　ビートルズのレコード・ジャケットの写真とデザインに関する詳細については、以下を参照。Ian Inglis, 'Nothing You Can See That Isn't Shown: The Album Covers of The Beatles', *Popular Music*, xx/1 (2001), pp. 83–97.

＊26　Arne Bellstorf, *Baby's in Black: The Story of Astrid Kirchherr and Stuart Sutcliffe* (Berlin, 2010).

＊27　Sutcliffe and Thompson, *The Beatles' Shadow*, p. 164.

＊28　Hunter Davies, *The Beatles: The Authorised Biography* (London, 1968), p. 119.

＊29　イアン・マクミランが撮影した『アビイ・ロード』のジャケットに写る１９６９年のビートルズもまた、４人の歩みが

揃うことでインパクトを出している。

＊30 Best, *The Best Years*, p. 71.

＊31 Norman, *Shout!*, p. 154.

＊32 Philip Norman, *John Lennon* (London, 2008), p. 215.

＊33 4人全員と共演したことのあるミュージシャンは、次の4人だけだ――クラウス・フォアマン、エリック・クラプトン、ビリー・プレストン、エルトン・ジョン。

＊34 Denny Somach, Kathleen Somach and Kevin Gunn, eds, *Ticket to Ride* (New York, 1989), pp. 183–4.

＊35 Ibid., pp. 206–7.

＊36 Miles, *Paul McCartney*, p. 63.

＊37 Alan Clayson, *Hamburg: The Cradle of British Rock* (London, 1997), p. 59.

＊38 Gould, *Can't Buy Me Love*, p. 89.

＊39 Davies, *The Beatles* (London, 1968), p. 104.

＊40 Spitz, *The Beatles*, p. 10.

＊41 Ibid., p. 108.

4 何か古いもの…

＊1 Bunny Lewis, 'Blunt Answers To Frank Questions', in *The New Musical Express Tenth Anniversary Souvenir Book*, ed. Mike Gowers (London, 1961), p. 69.

＊2 Hunter Davies, *The Beatles: The Authorised Biography* (London, 1968), pp. 39–40.

＊3 Allan Williams and William Marshall, *The Man Who Gave The Beatles Away* (London, 1995), pp. 112–13.

＊4 「ジューク」の言葉が、「不品行」「無秩序」を意味する米国黒人のスラングから来ているのは、偶然ではない。

＊5 最初の頃にライヴで好んで演奏していたビートルズによるカヴァーについては、数冊の情報源に詳しく書かれている。例えば、Mark Lewisohn, *The Beatles Live!* (London, 1986), pp. 12–124; Mike Brocken, 'Some Other Guys! Some Theories About Signification: Beatles Cover Versions', *Popular Music and Society*, xx/4 (1996), pp. 5–40; Walter Everett, *The Beatles as Musicians: The Quarrymen Through Rubber Soul* (New York, 2001), pp. 19–119; Dave Laing, 'Six Boys, Six Beatles: The Formative Years 1950–1962', in *The Cambridge Companion to The Beatles*, ed. Kenneth Womack (Cambridge, 2009), pp. 9–32.

＊6 Everett, *The Beatles as Musicians*, p. 81.

＊7 Spencer Leigh, *Twist and Shout! Merseybeat, the Cavern, the Star-Club and The Beatles* (Liverpool, 2004), p. 77.

＊8 The Beatles, *Anthology* (London, 2000), p. 49.

＊9 Charlie Gillett, *The Sound of the City* (London, 1971), p. i.

＊10 Ibid., pp. 29–44.

＊11 David Sheff and G. Barry Golson, *The Playboy Interviews with John Lennon and Yoko Ono* (New York, 1981), p. 175.

＊12 1960年代のポピュラー音楽発展に果たしたブリル・ビルディングの重要な役割については、以下に詳細が記されている。Ian Inglis, 'Some Kind of Wonderful: The Creative Legacy of the Brill Building', *American Music*, xxi/2 (2003), pp. 214–35; Ken Emerson, *Always Magic in the Air: The Bomp and Brilliance of the Brill Building Era* (London, 2006).

＊13 Paul Du Noyer, *The Virgin Story of Rock'n'Roll* (London, 1995), p. 56.

＊14 Jann Wenner, *Lennon Remembers* (New York, 1970), p. 70.

＊15 Alan Betrock, *Girl Groups: The Story of a Sound* (New York, 1982), p. 7.

＊16 ポピュラー音楽のペイオラについては、次の文献がより

広く歴史の観点から論じている。Kerry Segrave, *Payola in the Music Industry: A History*, 1880–1991 (Jefferson, nc, 1994).

＊17　Barry Miles, *Paul McCartney: Many Years from Now* (London, 1997), p. 82.

＊18　Charlotte Greig, *Will You Still Love Me Tomorrow* (London, 1989), p. 37.

＊19　ガール・グループがビートルズに与えた影響についての詳細は、以下参照。Jacqueline Warwick, 'You're Going to Lose That Girl: The Beatles and the Girl Groups', in *Beatlestudies 3: Proceedings of The Beatles 2000 Conference*, ed. Yrjo Heinonen, Markus Heuger, Sheila Whiteley, Terhi Nurmesjarvi and Jouni Koskimaki (Jyväskylä, Finland, 2001), pp. 161–7; Matthew Bannister, 'Ladies and Gentlemen, The Beatelles! The Influence of Sixties Girl Groups on The Beatles', in *Beatlestudies 3*, ed. Heinonen et al., pp. 169–79.

＊20　Lucy O'Brien, *She Bop* (London, 1995), pp. 65–6.

＊21　Ray Coleman, *McCartney: Yesterday and Today* (London, 1995), p. 25.

＊22　タムラ・モータウンとビートルズの繋がりについて理解する助けとなるのは、以下の文献だ。Jon Fitzgerald, 'Motown Crossover Hits 1963–66 and the Creative Process', *Popular Music*, xiv/1 (1995), pp. 1–11.

＊23　The Beatles, *Anthology*, p. 198.

＊24　Miles, *Paul McCartney*, p. 82.

＊25　Dai Griffiths, 'Cover Versions and the Sound of Identity in Motion', in *Popular Music Studies*, ed. David Hesmondhalgh and Keith Negus (London, 2002), p. 52.

＊26　Brocken, 'Some Other Guys!', p. 30.

＊27　Tim Riley, *Tell Me Why: A Beatles Commentary* (New York, 1988), p. 17.

＊28　Pete Best, *The Best Years of The Beatles* (London, 1996), pp. 48–51.

5　…何か新しいもの

＊1　わずか数枚プレスされただけで、どの曲も一度も正式にリリースされていない。以下参照。Walter Everett, *The Beatles as Musicians: The Quarrymen through Rubber Soul* (New York, 2001), p. 91.

＊2　ビートルズだけで録音したのは"Ain't She Sweet"と"Cry For A Shadow"。他の曲でリード・ヴォーカルを務めたのはトニー・シェリダン。これらの曲は英国国内で1963年から1964年にかけてシングルやEPでばらばらにポリドールから発売された。初めて8曲全て収めた『ザ・ビートルズ・ファースト』は、1964年6月にリリースされた。

＊3　15曲は様々なアルバム名で異なるレーベルから発売されているが、通称『ザ・デッカ・テープス』で通っている。

＊4　30曲のうち26曲は1977年5月に『デビュー！　ビートルズ・ライヴ'62』のアルバム名で発売。未収録の4曲は"I'm Gonna Sit Right Down and Cry"、"Where Have You Been All My Life"、"Till There Was You"、"Sheila"。

＊5　Barry Miles, *Paul McCartney: Many Years from Now* (London, 1997), pp. 34–6.

＊6　David Sheff and G. Barry Golson, *The Playboy Interviews with John Lennon and Yoko Ono* (New York, 1981), pp. 117–18.

＊7　インスト曲が最も商業的に成功していたのは1950年代末から1960年代初頭で、ヒット・シングルが多く生まれ、ライヴ演奏でもレコードでも、ポピュラー音楽に欠かせないものだった。イギリス及び・またはアメリカで、チャートに登る大ヒットを記録したミュージシャンには、次のよう

な人々が含まれる。ラス・コンウェイ、アッカー・ビルク、B・バンブル・アンド・ザ・スティンガーズ、トルネイドース、ジョニー・アンド・ザ・ハリケーンズ、デュアン・エディ、ベンチャーズ、ストリング・ア・ロングス、デイヴ"ベイビー"コルテス、フロイド・クレイマー、シャドウズ（下記11番参照）。

*8　The Beatles, *Anthology* (London, 2000), p. 68.

*9　Malcolm Doney, *Lennon and McCartney* (London, 1981), p. 22.

*10　Sheff and Golson, *The Playboy Interviews*, p. 129.

*11　シャドウズはクリフ・リチャードのバックバンドを務めただけでなく、イギリスで最も成功しているインストゥルメンタル・バンドだった。１９６０年代初頭から半ばにかけて、彼らは途切れることなくヒットを飛ばし、何曲かはUKシングル・チャートで1位になった。最初の№１ヒットは"Apache"で、１９６０年の８月から９月にかけて５週に渡り首位に輝いた。

*12　Terence J. O'Grady, *The Beatles: A Musical Evolution* (Boston, 1983), p. 15.

*13　Pete Best and Patrick Doncaster, *Beatle! The Pete Best Story* (London, 1985), pp. 104–5.

*14　Sheff and Golson, *The Playboy Interviews*, p. 146.

*15　Everett, *The Beatles as Musicians*, p. 35.

*16　Dave Laing, 'Six Boys, Six Beatles: The Formative Years 1950–1962', in *The Cambridge Companion to The Beatles*, ed. Kenneth Womack (Cambridge, 2009), p. 25.

*17　Alan Smith, 'Liverpool's Beatles Wrote Their Own Hit', *New Musical Express*, 26 October 1962, p. 2.

*18　マッカートニーの誇張された主張は、潜在的なパトロンに好印象を与えたいと彼が願っていたことの一例だ。１９６０年初頭の別の機会に彼が地元のジャーナリストに送ったバンドのプロフィールでも、次のように主張している。「ポールは18歳で、リヴァプール大学で英文学を専攻している」。彼はさらに「ジョンとポールは過去3年の間に、バラードや速い曲も含む50曲以上を書いている」。以下参照。Hunter Davies, *The Beatles: The Authorised Biography* (London, 1968), pp. 72–3.

*19　Miles, *Paul McCartney*, p. 37.

*20　Guy Cook and Neil Mercer, 'From Me to You: Austerity to Profligacy in the Language of The Beatles', in *The Beatles, Popular Music and Society: A Thousand Voices*, ed. Ian Inglis (London, 2000), p. 87.

*21　ビートルズのラブソングの全容については、Ian Inglis, 'Variations on a Theme: The Love Songs of The Beatles', *International Review of the Aesthetics and Sociology of Music*, xxviii/1 (1999), pp. 173–88. を見よ。

*22　Miles, *Paul McCartney*, p. 148.

*23　George Martin, *All You Need Is Ears* (New York, 1979), p. 123.

*24　"How Do You Do It"を単にボツにするだけでなく、ブライアン・エプスタインはスター・クラブにいるジェリー・マースデンに電話をかけて、彼にレコーディングさせた。１９６３年３月にその曲はジェリー・アンド・ザ・ペースメイカーズ初のヒットとなる（３枚続けて飛ばした№１ヒットの最初の１枚でもある）。マーレイにとっても、自作曲初のヒットとなった。彼は１９６０年代に一連のイギリス人演者―フレディ・アンド・ザ・ドリーマーズ、ザ・トレメローズ、クリフ・リチャード、マンフレッド・マン、ジョージィ・フェイムにヒット・シングルを提供している。

＊25　Martin, *All You Need Is Ears*, p. 131.

＊26　Wilfrid Mellers, *Twilight of the Gods: The Beatles in Retrospect* (London, 1973), p. 32.

＊27　Ian MacDonald, *Revolution in the Head: The Beatles Records and the Sixties* (London, 1994), p. 12.

＊28　Andy Babiuk, *Beatles Gear* (San Francisco, 2001), p. 34.

＊29　Ibid., p. 38.

＊30　Ray Coleman, *Brian Epstein: The Man who Made The Beatles* (London, 1989), p. 82.

＊31　最終的に１９６７年の性犯罪法により、21歳以上の男性同士が、合意のもとプライベートでホモセクシュアル行為に及ぶことが合法となった。

＊32　In 1963 Epstein's commission was increased to 25 per cent.

＊33　Bill Harry, *The Ultimate Beatles Encyclopedia* (London, 1992), pp. 654–5.

＊34　Allan Williams and William Marshall, *The Man who Gave The Beatles Away* (London, 1975), p. 212.

＊35　Brian Epstein, *A Cellarful of Noise* (London, 1964), p. 44.

＊36　エプスタインのマネジメント戦略の全容については、Ian Inglis, 'Conformity, Status and Innovation: The Accumulation and Utilisation of Idiosyncrasy Credits in the Career of The Beatles', *Popular Music and Society*, xix/3 (1996), pp. 41–74. を見よ。

＊37　Greg Shaw, 'The Teen Idols', in *The Rolling Stone Illustrated History of Rock and Roll*, ed. Anthony DeCurtis and James Henke (New York, 1980), pp. 107–12. を見よ。

＊38　１９５８年のジェリー・リー・ルイスのイギリス公演はたった３日でキャンセルになった。新妻が彼の13歳のいとこであることが判明すると、国外退去となったのだ。ラリー・ウィリアムズは麻薬取引の罪で１９６０年に服役。チャック・ベリーは14歳のウェイトレスを、州境を越えて連れ出したため、売春させる目的を疑われ、マン法により１９６０年に２年間の実刑判決を受けた。

＊39　The Beatles, *Anthology* (London, 2000), p. 69.

＊40　Jann Wenner, *Lennon Remembers* (New York, 1970), pp. 45–6.

6　遠い声、遠い部屋

＊1　ツアー最終日の１９６０年４月16日にブリストルのヒッポドロームで行われた公演後、エディ・コクランはロンドンに戻る途中で交通事故により死去。

＊2　Bob Spitz, *The Beatles* (New York, 2005), p. 198.

＊3　Ulf Krüger, *Beatles in Hamburg* (Hamburg, 2007), p. 107.

＊4　Alan Clayson, *Hamburg: The Cradle of British Rock* (London, 1997), p. 70.

＊5　Spitz, *The Beatles*, p. 227.

＊6　The Beatles, *Anthology* (London, 2000), p. 49.

＊7　１９６０年代初期にイギリスを拠点に活動した黒人シンガーで、国民的知名度を得る、またはチャートに登るヒットを飛ばすほどの人気を博していたのは、次の歌手だけだ。エミル・フォード "What Do You Want To Make Those Eyes At Me For", "Slow Boat to China", ダニー・ウィリアムズ "Moon River", "Jeannie", "The Wonderful World of the Young", ケニー・リンチ "Mountain of Love", "Puff", "Up on the Roof"。

＊8　Sam Leach, *The Rocking City* (Liverpool, 1999), p. 87.

＊9　Spencer Leigh, *Twist and Shout! Merseybeat, the Cavern, the Star-Club and The Beatles* (Liverpool, 2004), p. 53.

＊10　The Beatles, *Anthology*, p. 49.

＊11　Gerry Marsden, *I'll Never Walk Alone* (London, 1993), p. 22.

＊12　Alan Smith, 'Newcomers to the Charts: Gerry, Pacemakers

From Beatle-land!', *New Musical Express*, 22 March 1963, p. 8.

*13 Chris Hutchins, 'Roy Orbison Says The Beatles Could Be Tops in America', *New Musical Express*, 30 May 1963, p. 3.

*14 Marsden, *I'll Never Walk Alone*, p. 22.

*15 Krüger, *Beatles in Hamburg*, p. 139.

*16 Jann Wenner, *Lennon Remembers*, p. 14.

*17 Keith Kahn-Harris, 'Roots?', in *The Popular Music Studies Reader*, ed. Andy Bennett, Barry Shank and Jason Toynbee (London, 2006), p. 128.

*18 Leigh, *Twist and Shout!*, p. 99.

*19 Ray Coleman, *Brian Epstein: The Man who Made The Beatles* (London, 1989), p. 124.

*20 Leigh, *Twist and Shout!*, p. 63.

*21 Bill Harry, *Mersey Beat: The Beginnings of The Beatles* (London, 1977), p. 24.

*22 Leigh, *Twist and Shout!*, p. 98.

*23 Sara Cohen, 'Sounding Out the City: Music and the Sensuous Production of Place', *Transactions of the Institute of British Geographers*, 20 (1995), p. 438.

*24 Leigh, *Twist and Shout!*, p. 51.

*25 Ian Edwards, 'I Went Back to Hamburg', in *The Hamburg Sound*, ed. Ulf Krüger and Ortwin Pelc (Hamburg, 2006), p. 126.

*26 Kingsize Taylor and John Frankland, 'We Could Not Believe the Sound', in *The Hamburg Sound*, ed. Krüger and Pelc, pp. 118–19.

*27 Freddie Starr, *Unwrapped* (London, 2001), pp. 87–8.

*28 Leigh, *Twist and Shout!*, p. 54.

*29 Ibid., p. 108.

*30 Marsden, *I'll Never Walk Alone*, pp. 29–30.

7 都市のサウンド

*1 Allan Williams and William Marshall, *The Man who Gave The Beatles Away* (London, 1975), p. 139.

*2 June Skinner Sawyers, ed., Read *The Beatles* (London, 2006), p. xv.

*3 Ulf Krüger, 'Rock'n'roll + Skiffle = Beat', in *The Hamburg Sound*, ed. Ulf Krüger and Ortwin Pelc (Hamburg, 2006), pp. 84–5.

*4 Sam Leach, *The Rocking City* (Liverpool, 1999), p. 46.

*5 Brian Epstein, *A Cellarful of Noise* (London, 1964), p. 44.

*6 デッカがビートルズとの契約を渋った理由には、リヴァプールがロンドンから遠いこと、一般的なリード・シンガーとバックバンドの編成をとっていないことも含まれる。代わりにデッカは、ブライアン・プール&ザ・トレメローズとの契約を選んだ。

*7 Albert Goldman, *The Lives of John Lennon* (London, 1988), p. 115.

*8 Charlie Gillett, *The Sound of the City* (London, 1971), p. 309.

*9 Paul Friedlander, *Rock and Roll: A Social History* (Boulder, CO, 1996), p. 83.

*10 例えば、Philip Norman, *Shout! The True Story of The Beatles* (London, 1981), p. 56; Peter Brown and Steven Gaines, *The Love You Make: An Insider's Story of The Beatles* (New York, 1983), p. 19. を見よ。

*11 この言葉はウィリアム・フート・ホワイトが、マサチューセッツ州ボストンのストリート・ギャングを調査する過程で広めた。以下参照。William Foote Whyte, *Street Corner Society* (Chicago, 1943).

*12 Walter Everett, *The Beatles as Musicians: The Quarrymen through Rubber Soul* (New York, 2001), p. 39.

＊13　Bob Spitz, *The Beatles* (New York, 2005), p. 308.

＊14　Kingsize Taylor and John Frankland, 'We Could Not Believe the Sound', in *The Hamburg Sound*, ed. Krüger and Pelc, p. 118.

＊15　Sara Cohen, 'Sounding Out the City: Music and the Sensuous Production of Place', *Transactions of the Institute of British Geographers*, 20 (1995), p. 44

＊16　Derek Johnson, 'There's No Liverpool Sound', *New Musical Express*, 7 June 1963, p. 3.

＊17　Peter Leslie, *Fab: The Anatomy of a Phenomenon* (London, 1965), p. 135.

＊18　Dick Bradley, *Understanding Rock'n'Roll* (Buckingham, 1992), p. 75.

＊19　Lester Bangs, 'The British Invasion', in *The Rolling Stone Illustrated History of Rock and Roll*, ed. Anthony DeCurtis and James Henke (New York, 1980), pp. 202–3.

＊20　Geoffrey and Brenda Giuliano, eds, *The Lost Beatles Interviews* (London, 1995), p. 6.

＊21　The Beatles, *Anthology* (London, 2000), p. 101.

＊22　D. W. Johnson and F. P. Johnson, *Joining Together: Group Theory and Group 194 Skills* (Englewood Cliffs, NJ, 1987), p. 8.

＊23　Mark Lewisohn, *The Complete Beatles Recording Sessions* (London, 1988), p. 6.

＊24　George Martin, *All You Need Is Ears* (New York, 1979), p. 123.

＊25　Bill Harry, *The Ultimate Beatles Encyclopedia* (London, 1992), p. 91.

＊26　Goldman, *The Lives of John Lennon*, p. 145.

＊27　Gareth L. Pawlowski, *How They Became The Beatles* (New York, 1989), p. 79.

＊28　Hunter Davies, *The Beatles: The Authorised Biography* (London, 1968), p. 151.

＊29　Robert Love, ed., *Harrison: By the Editors of Rolling Stone* (New York, 2002), p. 25.

＊30　Alan Clayson, *The Quiet One* (London, 1990), p. 76.

＊31　George Martin, *Summer of Love* (London, 1994), p. 143.

＊32　Leach, *The Rocking City*, p. 174.

＊33　Denny Somach, Kathleen Somach and Kevin Gunn, eds, *Ticket To Ride* (New York, 1989), p. 51.

＊34　Spencer Leigh, *Drummed Out! The Sacking of Pete Best* (Bordon, Hants, 1998), p. 54.

＊35　Mark Lewisohn, *The Beatles Live!* (London, 1986), p. 97.

＊36　Ray Coleman, *Brian Epstein* (London, 1989), pp. 125–6.

＊37　Leigh, *Twist and Shout!*, p. 125.

8　ハンブルク後のビートルズ、ビートルズ後のハンブルク

＊1　Christopher Booker, *The Neophiliacs: The Revolution in English Life in the Fifties and Sixties* (London, 1969), p. 33.

＊2　１９６０年代初期には、自身の英語曲をドイツ市場に合わせて再レコーディングすることを決まりにしていたイギリス人アーティストが何組かいた。最も数多くレコーディングしたのはクリフ・リチャードで、60曲前後のドイツ語曲を録音している。"A Voice in the Wilderness"、"Lucky Lips"、"Don't Talk to Him"、"On the Beach" は、ドイツ市場で "Die Stimme Der Liebe"、"Rote Lippen Soll Man Küssen"、"Sag No Zu Ihm"、"Nur Mit Dir" になった。

＊3　See Bob Neaverson, *The Beatles Movies* (London, 1997).

＊4　ポピュラー音楽と政治的な賞との関係については、以下参照。Ian Inglis, 'The Politics of Stardust or the Politics of Cool: Popular Music and the British Honours System', *International Re-*

view of the Aesthetics and Sociology of Music, xli/1 (2010), pp. 51–71.

＊5　ドイツに短期間戻ったビートルズについては、以下に詳細が記されている。Thorsten Knublauch, *The Bravo-Beatles-Blitztournee* (Norderstedt, 2009).

＊6　Brian Epstein, *A Cellarful of Noise* (London, 1964), p. 81.

＊7　Hunter Davies, *The Beatles: The Authorised Biography* (London, 1968), p. 232

＊8　Wilfrid Mellers, *Twilight of The Gods: The Beatles in Retrospect* (London, 1973), p. 69.

＊9　Ian Inglis, 'Nothing You Can See That Isn't Shown: The Album Covers of The Beatles', *Popular Music*, xx/1 (2001), pp. 83–97. を見よ。

＊10　『サージェント・ペパーズ・ロンリー・ハーツ・クラブ・バンド』が音楽的、そして非音楽的に与えた衝撃を論じた文献には、例えば以下がある。Allan Moore, *The Beatles: Sgt Pepper's Lonely Hearts Club Band* (Cambridge, 1997); Clinton Heylin, *The Act You've Known For All These Years* (Edinburgh, 2007); Olivier Julien, ed., *Sgt Pepper and The Beatles: It Was Forty Years Ago Today* (Aldershot, 2008).

＊11　William F. Dowlding, *Beatlesongs* (New York, 1989), p. 161.

＊12　Peter Brown and Steven Gaines, *The Love You Make: An Insider's Story of The Beatles* (New York, 1983), pp. 279–36.

＊13　Doug Sulphy and Ray Schweighardt, *Get Back: The Beatles' Let It Be Disaster* (New York, 1997), pp. 129–36.

＊14　Philip Norman, *John Lennon: The Life* (London, 2008), pp. 622–4.

＊15　Barry Miles, *Paul McCartney: Many Years From Now* (London, 1997), p. 566.

＊16　ホワイトハウスのイースト・ルームで２０１０年６月２日に行われた授賞式で、マッカートニーは次の６曲を演奏した。スティーヴィー・ワンダーと共演した"Got To Get You Into My Life"と"Ebony and Ivory"、"Eleanor Rigby"、"Michelle"、"Let It Be"、"Hey Jude"。また、次のようにレノン＝マッカートニーの曲が何曲か、ゲスト・ミュージシャンにより歌われた。エルヴィス・コステロ"Penny Lane"、エミルー・ハリス"For No One"、フェイス・ヒル"The Long and Winding Road"、スティーヴィー・ワンダー"We Can Work It Out"。

＊17　Klaus Voormann, *Warum Spielst Du 'Imagine' Nicht auf dem Weissen Klavier, John: Erinnerungen an die Beatles und Viele Andere Freunde* (Munich, 2003).

＊18　１９８４年と１９９２年の間に、イギリスの経済的に恵まれない５つの都市が、低迷する経済を活性化させる目的で、政府の援助を受けてナショナル・ガーデン・フェスティバルを次のように開催した。リヴァプール（１９８４）、ストーク＝オン＝トレント（１９８６）、グラスゴー（１９８８）、ゲーツヘッド（１９９０）、エブブ・ベール（１９９２）。また、EU内の文化活動で主導権を握れるよう、ヨーロピアン・キャピタル・オブ・カルチャー・プログラムは１９８５年以来、資金提供を行ってきた。都市部の再生とイメージアップを目指す試みと意図を同じくするそのプログラムにより選ばれる栄誉に預かったイギリスの都市は、グラスゴー（１９９０年）とリヴァプール（２００８年）の２都市だ。

結び――長く曲がりくねった道

＊1　John Connell and Chris Gibson, *Sound Tracks: Popular Music, Identity and Place* (London, 2003), p. 280.

＊2　１９５０年代末から１９６０年代初頭にかけての、ポピュラー音楽の置かれた状況について論じた、示唆に富む文

献は以下の通り。George Melly, *Revolt Into Style* (London, 1970), pp. 21-64.

＊3 William Boyd, *Any Human Heart* (London, 2002), p. 7.

＊4 Martin Stokes, ed., Ethnicity, *Identity and Music: The Musical Construction of Place* (Oxford, 1994), p. 5.

＊5 １９８９年以来、リンゴ・スター＆ヒズ・オール・スター・バンドは、メンバーを入れ替え続けながら北米を中心にツアーをしている。１９９２年のメンバーには、ティミー・キャペロ、バートン・カミングス、デイヴ・エドモンズ、ニルス・ロフグレン、トッド・ラングレン、ティモシー・B・シュミット、ジョー・ウォルシュ、ザック・スターキーが含まれる。１９９８年は、ジャック・ブルース、ピーター・フランプトン、ゲイリー・ブルッカー、サイモン・カーク、マーク・リベラを据え、２０１１年のラインナップにはリック・デリンジャー、エドガー・ウィンター、リチャード・ペイジ、ワリー・パルマー、ゲイリー・ライト、グレッグ・ビソネットが含まれた。

謝辞

本書の準備と執筆中、さまざまな場所で数多くの方々から貴重な情報と励ましをいただいた。その中には以下の方々が含まれる――デイヴィッド・ハノフスキー、イリヤ・ハイノネン、セバスチャン・オーラー、ピーター・ペッツォルド、グートルン・パーシヴァル、クリストファー・パーシヴァル、ステファニー・ピオトウスキー、トニー・シェリダン、モニカ・シュトゥンフ。

また、著者および出版社は、以下の図版提供者および／または転載許可者に感謝の意を表したい。67頁：© Arne Bellstorf and Reprodukt. *Baby's In Black: The Story of Astrid Kirchherr and Stuart Sutcliffe*, published in English by SelfMadeHero, London（アルネ・ベルストルフ著『ベイビーズ・イン・ブラック』２０１２年、講談社）。9、19、49、63、91、97、１０３、１１９、１６５、１７５頁：Getty Images。41、59、77、１４９、１８５、１８９頁：© Ian Inglis。１３５（ＩＴＶ）、１９１（Action Press）頁：Rex Features。１２５頁：トニー・シェリダンの個人所蔵。

参考文献

Amin, Ash, and Nigel Thrift, *Cities: Reimagining the Urban* (Cambridge, 2002)

Babiuk, Andy, *Beatles Gear* (San Francisco, 2001)

Baker, Glenn A., *The Beatles Down Under* (Buckingham, 1996)

Bangs, Lester, 'The British Invasion', in *The Rolling Stone Illustrated History of Rock and Roll*, ed. Anthony DeCurtis and James Henke (New York, 1980), pp. 199–208

Bannister, Matthew, 'Ladies And Gentleman – The Beatelles! The Influence of Sixties Girl Groups on the Beatles', in *Beatlestudies 3*, ed. Yrjo Heinonen, Markus Heuger, Sheila Whiteley, Terhi Nurmesjarvi and Jouni Koskimaki (Jyväskylä, Finland, 2001), pp. 169–79

Beatles, *Anthology* (London, 2000)

Beckmann, Dieter and Klaus Martens, *Star-Club* (Hamburg, 1980)

Bellstorf, Arne, *Baby's In Black: The Story of Astrid Kirchherr and Stuart Sutcliffe* (Berlin, 2010)

Best, Pete, *The Best Years of the Beatles* (London, 1996)

Best, Pete, and Alan Doncaster, *Beatle! The Pete Best Story* (London, 1985)

Betrock, Alan, Girl Groups: *The Story of a Sound* (New York, 1982)

Booker, Christopher, *The Neophiliacs: The Revolution in English Life in the Fifties And Sixties* (London, 1969)

Bradley, Dick, *Understanding Rock'n'Roll* (Buckingham, 1992)

Bramwell, Tony, *Magical Mystery Tours* (New York, 2005)

Brocken, Mike, 'Some Other Guys! Some Theories About Signification: Beatles Cover Versions', *Popular Music And Society*, xx/ 4 (1996), pp. 5–40

Brown, Peter, and Steven Gaines, *The Love You Make: An Insider's Story of the Beatles*

(New York, 1983)

Cartwright, Dorwin, and Alvin Zander, eds, *Group Dynamics* (London, 1968)

Castells, Manuel, *The City and the Grassroots* (London, 1983)

Clayson, Alan, *The Quiet One* (London, 1990)

—, *Ringo Starr* (London, 1991)

—, *Hamburg: The Cradle of British Rock* (London, 1997)

Cohen, Phil, 'Out of the Melting Pot, Into the Fire Next Time', in *Imagining Cities*, ed. Sallie Westwood and John Williams (London, 1997), pp. 73–85

Cohen, Sara, *Rock Culture in Liverpool* (Oxford, 1991)

—, 'Sounding Out the City: Music and the Sensuous Production of Place', *Transactions of the Institute of British Geographers*, 20 (1995), pp. 434–46

Coleman, Ray, *Brian Epstein: The Man Who Made the Beatles* (London, 2003)

—, *John Lennon* (London, 1984)

—, *McCartney: Yesterday and Today* (London, 1995)

Connell, John, and Chris Gibson, *Sound Tracks: Popular Music, Identity and Place* (London, 2003)

Cook, Guy, and Neil Mercer, 'From Me to You: Austerity to Profligacy in the Language of the Beatles', in *The Beatles, Popular Music And Society: A Thousand Voices*, ed. Ian Inglis (London, 2000), pp. 86–104

Davies, Hunter, The Beatles: The Authorised Biography (London, 1968)

—, *The Quarrymen* (London, 2001)

Doney, Malcolm, *Lennon and McCartney* (London, 1981)

Dowlding, William F., *Beatlesongs* (New York, 1989)

Du Noyer, Paul, *The Virgin Story of Rock'n'Roll* (London, 1995)

Edwards, Ian, 'I Went Back to Hamburg', in *The Hamburg Sound*, ed. Ulf Krüger and Ortwin Pelc (Hamburg, 2006), pp. 126–31

Emerson, Ken, *Always Magic in the Air: The Bomp and Brilliance of the Brill Building Era* (London, 2006)

Epstein, Brian, *A Cellarful of Noise* (London, 1964)

Everett, Walter, *The Beatles as Musicians: The Quarrymen through Rubber Soul* (New York, 2001)

Farren, Mick, *The Black Leather Jacket* (London, 1985)

Fascher, Horst, *Let the Good Times Roll!* (Munich, 2006)

Fitzgerald, Jon, 'Motown Crossover Hits 1963–66 and the Creative Process', *Popular Music*, xiv/1 (1995), pp. 1–11

Flippo, Chet, *McCartney: The Biography* (London, 1988)

Gentle, Johnny, and Ian Forsyth, *Johnny Gentle and the Beatles' First Ever Tour* (Runcorn, 1998)

Gillett, Charlie, *The Sound of the City* (London, 1971)

Giuliano, Geoffrey, *Blackbird* (London, 1991)

—, and Brenda Giuliano, eds, *The Lost Beatles Interviews* (London, 1995)

Goldman, Albert, *The Lives of John Lennon* (London, 1988)

Gottfridsson, Hans Olaf, *Beatles From Cavern To Star-Club* (Stockholm, 1997)

Gould, Jonathan, *Can't Buy Me Love* (New York, 2007)

Greig, Charlotte, *Will You Still Love Me Tomorrow* (London, 1989)

Griffiths, Dai, 'Cover Versions and the Sound of Identity in Motion', in *Popular Music Studies*, ed. David Hesmondhalgh and Keith Negus (London, 2002), pp. 51–64

Harrison, George, *I Me Mine* (London, 1980)

Harry, Bill, *Mersey Beat: The Beginnings of the Beatles* (London, 1977)

—, *The Ultimate Beatles Encyclopedia* (London, 1992)

Heylin, Clinton, *The Act You've Known For All These Years* (Edinburgh, 2007)

Hutchins, Chris, 'Roy Orbison Says the Beatles Could Be Tops In America', *New Musical Express*, 30 May 1963, p. 3

Inglis, Ian, 'Conformity, Status and Innovation: The Accumulation and Utilisation of Idiosyncrasy Credits in the Career of the Beatles', *Popular Music and*

Society, xix/3 (1996), pp. 41–74

—, 'Variations on a Theme: The Love Songs of the Beatles', *International Review of the Aesthetics and Sociology of Music*, xxviii / 1 (1999), pp. 173–88

—, 'Pete Best: History and His Story', *Journal of Popular Music Studies*, xi / 12 (2000),

pp. 103–24

—, 'Nothing You Can See That Isn't Shown: The Album Covers of the Beatles', *Popular Music*, xx/1 (2001), pp. 83–97

—, 'The Politics of Stardust or the Politics of Cool: Popular Music and the British Honours System', *International Review of the Aesthetics and Sociology of Music*, xli/1 (2010), pp. 51–71

Jackson, Peter, *Maps of Meaning* (London, 1989)

Johnson, Derek, 'There's No Liverpool Sound', *New Musical Express*, 7 June 1963, p. 3

Jones, David, *The Beatles and Wales* (Cardiff, 2002)

Jones, Ron, *The Beatles' Liverpool* (Liverpool, 1991)
Julien, Olivier, ed., *Sgt Pepper and the Beatles: It Was Forty Years Ago Today* (Aldershot, 2008)
Kahn-Harris, Keith, 'Roots?', in *The Popular Music Studies Reader*, ed. Andy Bennett, Barry Shank and Jason Toynbee (London, 2006), pp. 128–34
Keyes, Thom, *All Night Stand* (London, 1966)
Kirchherr, Astrid, *Hamburg Days* (London, 1999)
—, *Yesterday: The Beatles Once Upon a Time* (London, 2007)
Knublauch, Thorsten, *The Bravo-Beatles-Blitztournee* (Norderstedt, 2009)
Kozinn, Allan, *The Beatles* (London, 1995)
Krüger, Ulf, 'Mr Beat: Manfred Weissleder and The Star-Club', in *The Hamburg Sound*, ed. Ulf Krüger and Ortwin Pelc (Hamburg, 2006), pp. 50–55
—, 'Rock'n'roll + Skiffle = Beat', in *The Hamburg Sound*, ed. Ulf Krüger and Ortwin Pelc (Hamburg, 2006), pp. 76–85
—, *Beatles in Hamburg* (Hamburg, 2007)
—, and Ortwin Pelc, eds, *The Hamburg Sound* (Hamburg, 2006)
Laing, Dave, 'Six Boys, Six Beatles: The Formative Years 1950–1962', in *The Cambridge Companion to the Beatles*, ed. Kenneth Womack (Cambridge, 2009), pp. 9–32
Leach, Sam, *The Rocking City* (Liverpool, 1999)
Leigh, Spencer, *Drummed Out! The Sacking of Pete Best* (Bordon, Hants, 1998)
—, *Twist And Shout! Merseybeat, The Cavern, The Star-Club and the Beatles* (Liverpool, 2004)
Lennon, Cynthia, *John* (London, 2005)
Leslie, Peter, *Fab: The Anatomy of a Phenomenon* (London, 1965)
Levin, Bernard, *The Pendulum Years* (London, 1970)
Lewis, Bunny, 'Blunt Answers To Frank Questions', in *The New Musical Express Tenth Anniversary Souvenir Book*, ed. Mike Gowers (London, 1961), p. 69
Lewisohn, Mark, *The Beatles Live!* (London, 1986)
—, *The Complete Beatles Recording Sessions* (London, 1988)
—, *The Complete Beatles Chronicle* (London, 1992)
Love, Robert, ed., *Harrison: By the Editors of Rolling Stone* (New York, 20022)
Lynch, Michael, and Damian Smyth, *The Beatles and Ireland* (Cork, 2008)
MacDonald, Ian, *Revolution in the Head: The Beatles Records and the Sixties* (London, 1994)
McNab, Ken, *The Beatles in Scotland* (Edinburgh, 2008)
Marsden, Gerry, *I'll Never Walk Alone* (London, 1993)
Martin, George, *All You Need Is Ears* (New York, 1979)
—, *Summer of Love* (London, 1994)
Maschler, Tom, *Declaration* (London, 1957)
Mellers, Wilfrid, *Twilight of the Gods: The Beatles in Retrospect* (London, 1973)
Melly, George, *Revolt Into Style* (London, 1970)
Miles, Barry, *Paul McCartney: Many Years From Now* (London, 1997)
Moore, Allan, *The Beatles: Sgt Pepper's Lonely Hearts Club Band* (Cambridge, 1997)
Neaverson, Bob, *The Beatles Movies* (London, 1997)
Norman, Philip, *Shout! The True Story of the Beatles* (London, 1981)
—, *John Lennon: The Life* (London, 2008)
O'Donnell, Jim, *The Day John Met Paul* (New York, 1994)
O'Grady, Terence J., *The Beatles: A Musical Evolution* (Boston, 1983)

Pawlowski, Gareth L., *How They Became the Beatles* (New York, 1989)

Pelc, Ortwin, 'Hamburg 1960', in *The Hamburg Sound*, ed. Ulf Krüger and Ortwin Pelc (Hamburg, 2006), pp. 176–81

Rehwagen, Thomas, and Thorsten Schmidt, *Mach Schau! The Beatles in Hamburg* (Bremen, 1992)

Riley, Tim, *Tell Me Why: A Beatles Commentary* (New York, 1988)

Ryan, Chris, and C. Michael Hall, *Sex Tourism: Marginal People and Liminalities* (London, 2001)

Salewicz, Chris, *McCartney: The Biography* (London, 1986)

Sawyers, June Skinner, ed., *Read the Beatles* (London, 2006)

Seabrook, Jeremy, *Travels in the Skin Trade: Tourism and the Sex Industry* (London, 2001)

Seaman, Frederick, *John Lennon: Living on Borrowed Time* (London, 1991)

Segrave, Kerry, *Payola in the Music Industry: A History, 1880–1991* (Jefferson, NC, 1994)

Shapiro, Harry, *Waiting for the Man: The Story of Drugs and Popular Music* (London, 1988)

Sharp, Ken, 'Jurgen Vollmer', *Goldmine*, 451, 7 November 1997

Shaw, Greg, 'The Teen Idols', in *The Rolling Stone Illustrated History of Rock and Roll*, ed. Anthony DeCurtis and James Henke (New York, 1980), pp. 107–12

Sheff, David, and G. Barry Golson, *The Playboy Interviews with John Lennon and Yoko Ono* (New York, 1981)

Shils, Edward, *The Intellectuals and the Powers* (Chicago, 1972)

Shipper, Mark, *Paperback Writer* (New York, 1978)

Smith, Alan, 'Liverpool's Beatles Wrote Their Own Hit', *New Musical Express*, 26 October 1962, p. 2

—, 'Newcomers to the Charts: Gerry, Pacemakers from Beatle-land!', *New Musical Express*, 26 March 1962, p. 8

Somach, Denny, Kathleen Somach and Kevin Gunn, eds, *Ticket to Ride* (New York, 1989)

Spitz, Bob, *The Beatles* (New York, 2005)

Starr, Freddie, *Unwrapped* (London, 2001)

Stokes, Martin, ed., *Ethnicity, Identity and Music: The Musical Construction of Place* (Oxford, 1994)

Sulphy, Doug, and Ray Schweighardt, *Get Back: The Beatles' Let It Be Disaster* (New York, 1997)

Sutcliffe, Pauline, and Douglas Thompson, *The Beatles' Shadow: Stuart Sutcliffe* (London, 2002)

Taylor, King Size, and John Frankland, 'We Could Not Believe The Sound', in *The Hamburg Sound*, ed. Ulf Krüger and Ortwin Pelc (Hamburg, 2006), pp. 112–19

Vollmer, Jürgen, *Rock'n'Roll Times: The Style And Spirit of the Early Beatles and Their First Fans* (New York, 1983)

—, *From Hamburg to Hollywood* (London, 1997)

—, *The Beatles in Hamburg* (Munich, 2004)

Voormann, Klaus, *Warum Spielst Du 'Imagine' Nicht auf dem Weissen Klavier, John: Erinnerungen an die Beatles und Viele Andere Freunde* (Munich, 2003)

—, 'Please Please Me', in *The Times Guide to the Beatles*, ed. Richard Whitehead (London, 2009), pp. 8–9

Walmsley, D. J., *Urban Living* (London, 1988)

Warwick, Jacqueline, 'You're Going to Lose That Girl: The Beatles and the Girl Groups', in *Beatlestudies 3: Proceedings of the Beatles 2000 Conference*, ed. Yrjo Heinonen, Markus Heuger, Sheila Whiteley, Terhi Nurmesjarvi and Jouni Koskimaki (Jyväskylä, Finland, 2001), pp. 161–7

Weber, Max, *The Theory of Social and Economic Organization* (New York, 1947)

Wenner, Jann, *Lennon Remembers* (New York, 1970)

Williams, Allan, and William Marshall, *The Man Who Gave the Beatles Away* (London, 1947)

Wills, Geoff, and Cary L. Cooper, *Pressure Sensitive: Popular Musicians Under Stress* (London, 1988)

Zukin, Sharon, *The Cultures of Cities* (Cambridge, MA, 1995)

ビートルズ年表1940〜70

１９４０年
6月23日　スチュアート・サトクリフがエディンバラで誕生
7月7日　リチャード・スターキー（リンゴ・スター）がリヴァプールで誕生
10月9日　ジョン・レノンがリヴァプールで誕生

１９４１年
11月24日　ピート・ベストがインドのマドラスで誕生

１９４２年
6月18日　ポール・マッカートニーがリヴァプールで誕生

１９４３年
2月24日　ジョージ・ハリソンがリヴァプールで誕生

１９５０年
春　ブルーノ・コシュミダーがハンブルクでインドラを開店する

１９５６年
秋　ジョン・レノン、ピート・ショットン、エリック・グリフィス、ロッド・デイヴィス、コリン・ハントン、レン・ギャリーら学生時代の友人がクオリー・メンという名のスキッフル・グループをリヴァプールで結成する

１９５７年
7月6日　クオリーメンがウールトンのセント・ピーターズ教会主催のガーデン・フェスティヴァルに出演。その日の午後、ポール・マッカートニーは共通の友人アイヴァン・ヴォーンにジョン・レノンを紹介される。数日後、彼はグループに参加することに同意する

１９５８年
2月　ジョージ・ハリソンがクオリーメンに加入

１９５９年
10月14日　ブルーノ・コシュミダーがハンブルクでカイザーケラーを開店
10月18日　クオリーメン（メンバーはレノン、マッカートニー、ハリソンになっていた）がジョニー・アンド・ザ・ムーンドッグスに改名

１９６０年
1月　スチュアート・サトクリフがジョニー・アンド・ザ・ムーンドッグスに加入
4月　リヴァプールのプロモーターでありクラブ・オーナーであるアラン・ウィリアムズがロンドンでブルーノ・コシュミダーと会い、デリー・アンド・ザ・シニアズがカイザーケラーに出演することに同意する
5月10日　マネージャー・プロモーター業のラリー・パーンズが行ったリヴァプールでのオーディションの際に、ジョニー・アンド・ザ・ムーンドッグスがシルバー・ビートルズに改名
5月20〜28日　ラリー・パーンズが契約しているヴォーカリストのジョニー・ジェントルのバックバンドとしてシルバー・ビー

トルズがスコットランド・ツアーを行う
7月　シルバー・ビートルズがビートルズに改名
8月12日　ピート・ベストがビートルズ加入
8月15日　ビートルズがハンブルクに向けリヴァプールを発つ
8月17日　ビートルズがインドラでデビューをかざる
10月4日　ビートルズがインドラからカイザーケラーに移る。ローリー・ストーム・アンド・ザ・ハリケーンズの前座を務めるため
10月15日　ジョン・レノン、ポール・マッカートニー、ジョージ・ハリスンがハンブルクのアクースティック・スタジオでハリケーンズのリンゴ・スターとルー・ウォルターズーとともに3曲レコーディングする
10月16日　クラウス・フォアマンがカイザーケラーで初めてビートルズを見る。彼はすぐに友人のアストリット・キルヒヘルとユルゲン・フォルマーと一緒に戻ってくる
11月21日　ジョージ・ハリスンがドイツから追放される
11月29日　ポール・マッカートニーとピート・ベストが逮捕される（そしてすぐに国外追放される）
11月30日　ビートルズのカイザーケラー常駐公演の最終日
11月　ピーター・エックホーンがトップテン・クラブを開店。アストリット・キルヒヘルがビートルズを初めて撮影。キルヒヘルとサトクリフが婚約

1961年

2月21日　ビートルズがキャヴァーンに初めて出演
4月1日　ビートルズがトップテンで3ヶ月常駐公演をするためにハンブルクに戻ってくる
4月　ビートルズがアラン・ウィリアムズとの契約を終了。ユルゲン・フォルマーがビートルズを撮影
6月22〜23日　プロデューサーであるベルト・ケンプフェルトの誘いにより、ビートルズが（サトクリフ抜きで）ハンブルクのフリードリヒ・エーベルト・ハレでトニー・シェリダンと8曲レコーディング
6月　スチュアート・サトクリフがビートルズを脱退
7月1日　ビートルズがトップテン・クラブの常駐公演を終了
10月23日　ポリドールがトニー・シェリダンとのレコーディング・セッションからドイツで"My Bonnie"／"The Saints"をリリース。レコードはトニー・シェリダン・アンド・ザ・ビート・ブラザーズとクレジットされる
11月9日　ブライアン・エプスタインがキャヴァーンでビートルズと出会う
12月3日　ブライアン・エプスタインがビートルズのマネジメントを申し出る

1962年

1月1日　不合格に終わったロンドンのデッカ・レコードでのオーディションで、ビートルズが15曲をレコーディングする
1月5日　ポリドールがイギリスで"My Bonnie"／"The Saints"をリリース
1月24日　ビートルズがブライアン・エプスタインとマネジメント契約を交わす
4月10日　スチュアート・サトクリフがハンブルクにあるアストリット・キルヒヘルの自宅で倒れ、亡くなる
4月13日　マンフレッド・ワイスレダーがスター・クラブを開店し、ビートルズはこの日から7週間の常駐公演を行う
5月9日　ブライアン・エプスタインがジョージ・マーティンと会い、不成功に終わったデッカのオーディションで録音されたものを聞かせる

5月31日　ビートルズが最初のスター・クラブ常駐公演を終了する
6月6日　ビートルズがアビー・ロード・スタジオでジョージ・マーティンのオーディションを受け、パーロフォンとのレコーディング契約をオファーされる
6月26日　ショウ・ビジネス界での野心を叶えようと、ブライアン・エプスタインがNEMSエンタープライズを興す
8月16日　ピート・ベストがビートルズをクビにされる
8月18日　リンゴ・スターがビートルズに加入する
8月23日　ジョン・レノンがリヴァプールでシンシア・パウエルと結婚する
10月5日　"Love Me Do"／"P.S. I Love You"がイギリスでリリースされる
11月1日　ビートルズがスター・クラブに戻ってくる
11月14日　ビートルズがスター・クラブでの二度目の常駐公演を終える
12月18日　ビートルズがスター・クラブでの最後の常駐公演を始める
12月27日　"Love Me Do"がUKシングル・チャートで17位に
12月31日　ビートルズが最後となるスター・クラブ3度目の常駐公演を終える。この日のライヴは録音され、1977年に『デビュー！ビートルズ・ライヴ'62』としてリリースされる

1963年
1月11日　"Please Please Me"／"Ask Me Why"がイギリスでリリースされる
2月2日〜3月3日　ビートルズがヘレン・シャピロ、ケニー・リンチ、ケストレルズ、ダニー・ウィリアムス、ジェット・ハリス・アンド・トニー・ミーハン、ハニーズ、レッドプライス・バンドと共にイギリスでツアーをする
2月22日　"Please Please Me"がUKシングル・チャートで1位を獲得
3月9〜31日　ビートルズがトミー・ロウ、クリス・モンテス、ヴィスカウンツ、デビー・リー、テリー・ヤング・シックスと共にイギリスでツアーをする
3月22日　アルバム『プリーズ・プリーズ・ミー』がイギリスでリリースされる
4月11日　"From Me to You"／"Thank You Girl"がイギリスでリリースされる
5月18日〜6月9日　ビートルズがロイ・オービソン、ジェリー・アンド・ザ・ペースメーカーズ、デヴィット・マクベス、ルイーズ・コーデット、アーキー・グラント、イアン・クロフォード、テリー・ヤング・シックスと共にイギリスでツアーをする
7月8日〜8月31日　ビートルズがイギリスの海辺のリゾートで一週間ごとの公演を行う。公演地はマーゲイト、ウェストン・スーパー・メア、チャンネル諸島、スランディドノ、ボーンマス、サウスポートを含む
8月3日　ビートルズがキャヴァーンで最後の出演
8月23日　"She Loves You"／"I'll Get You"がイギリスでリリースされる
10月13日　ビートルズがITVの『サンデー・ナイト・アット・ザ・ロンドン・パラディウム』に出演。「ビートルマニア」という言葉が広まる
10月24〜29日　ビートルズのスウェーデン・ツアー
11月1日〜12月13日　ビートルズがピーター・ジェイ・アンド・ザ・ジェイウォーカーズ、ヴァーノンズ・ガールズ、リズム・アンド・ブルース・カルテット、ケストレルズと共にイギリス・ツアー

11月4日　ビートルズがロンドンのプリンス・オブ・ウェールズ・シアターで行われた「ロイヤル・ヴァラエティ・パフォーマンス」に出演。この模様は翌週テレビ放映される
11月22日　アルバム『ウィズ・ザ・ビートルズ』がイギリスでリリース
11月29日　"I Want to Hold Your Hand"／"This Boy"がイギリスでリリース
12月24日～1月11日　ビートルズがロンドンのフィンズベリー・パーク・アストリアで行われた「ビートルズ・クリスマス・ショウ」に出演。ザ・フォーモスト、ビリー・J・クレイマー・アンド・ザ・ダコタス、トミー・クイックリー、シラ・ブラック、バロン・ナイツが共演

１９６４年
1月16日　"I Want to Hold Your Hand"がUSシングル・チャートで1位を獲得
1月16日～2月4日　ビートルズがパリのオランピア劇場に出演。トリニ・ロペスとシルヴィ・ヴァルタンと共演
2月7日　ビートルズ、空路ニューヨークへ
2月9日　ビートルズがCBS-TVの『エド・サリヴァン・ショウ』に出演
3月9日　NEMSエンタープライズがリヴァプールからロンドンのアーガイル・ストリートへ移転
3月2日～4月24日　ビートルズが映画『ハード・デイズ・ナイト』を撮影
3月19日　バラエティ・クラブの１９６３年・年間ショウ・ビジネス・パーソナリティ賞を受賞
3月20日　"Can't Buy Me Love"／"You Can't Do That"がイギリスでリリース
4月4日　ビートルズがUSシングル・チャートの上位5曲を占める
6月12～30日　ビートルズがサウンズ・インコーポレイテッド、ザ・ファントムズ、ジョニー・デヴリン、ジョニー・チェスターと共にオーストラリアとニュージーランドをツアー
6月19日　EP『ロング・トール・サリー』がイギリスでリリース
7月6日　ロンドン・パヴィリオンで『ハード・デイズ・ナイト』のワールド・プレミア
7月10日　"A Hard Day's Night"／"Things We Said Today"がイギリスでリリース。アルバム『ハード・デイズ・ナイト』がイギリスでリリース
8月19日～9月20日　ビートルズがジャッキー・デシャノン、ライチャス・ブラザーズ、ビル・ブラック・コンボ、エキサイターズと共にアメリカとカナダをツアー
8月28日　ニューヨークのデルノミコ・ホテルでビートルズがボブ・ディランと出会う
10月9日～11月10日　ビートルズのイギリス・ツアー。メアリー・ウェルズ、トミー・クイックリー、サウンズ・インコーポレイテッド、マイケル・ハスラム、リーモ・フォー、ザ・ラスティックスと共演
11月27日　"I Feel Fine"／"She's a Woman"がイギリスでリリース
12月4日　アルバム『ビートルズ・フォー・セール』がイギリスでリリース
12月24～31日　ビートルズがロンドンのハマースミス・オデオンで行われた「アナザー・ビートルズ・クリスマス・ショウ」に出演。ヤードバーズ、フレディ・アンド・ザ・ドリーマーズ、エルキー・ブルックス、サウンズ・インコーポレイテッド、マ

イケル・ハスラム、マイク・コットン・サウンドと共演

1965年

2月11日　リンゴ・スターがモーリン・コックスとロンドンで結婚

2月23日〜5月11日　ビートルズが映画『ヘルプ！　4人はアイドル』を撮影

4月9日　"Ticket To Ride"／"Yes It Is"がイギリスでリリース

6月12日　ハロルド・ウィルソン首相からビートルズがMBE勲章を授けられると発表

6月20日〜7月3日　フランス、イタリア、スペインをビートルズがツアー

7月23日　"Help!"／"I'm Down"がイギリスでリリース

7月25日　ロンドン・パヴィリオンで『ヘルプ！　4人はアイドル』のワールド・プレミア

8月6日　アルバム『ヘルプ！』がイギリスでリリース

8月15〜31日　ビートルズがキング・カーティス、ブレンダ・ホロウェイ、サウンズ・インコーポレイテッドと共にアメリカとカナダをツアー。幕開けとなったニューヨークのシェイ・スタジアム公演には5万5600人が集い、世界記録となった

8月27日　ビートルズがエルヴィス・プレスリーとベル・エアにある彼の豪邸で会う

10月26日　バッキンガム宮殿での叙任式典で、ビートルズがエリザベス女王から正式にMBEを授与される

12月3日　"Day Tripper"／"We Can Work It Out"がイギリスでリリース。アルバム『ラバー・ソウル』がイギリスでリリース

12月3〜12日　ビートルズがムーディー・ブルース、クーバス、ベリル・マースデン、パラマウンツと共にイギリスをツアー

1966年

1月21日　ジョージ・ハリスンがパティ・ボイドとサリー州イーシャーで結婚

6月10日　"Paperback Writer"／"Rain"がイギリスでリリース

6月26日　ビートルズが3日間のドイツ・ツアー中にエルンスト・メルク・ハレで演奏するためにハンブルクに戻ってくる

6月30日〜7月4日　ビートルズが日本とフィリピンをツアー

8月5日　"Eleanor Rigby"／"Yellow Submarine"がイギリスでリリース。アルバム『リボルバー』がイギリスでリリース

8月12〜29日　ビートルズがザ・ロネッツとザ・サークルと共にアメリカとカナダをツアー

8月29日　サンフランシスコのキャンドルスティック・パークでビートルズ最後のコンサート

11月9日　ジョン・レノンがロンドンのインディカ・ギャラリーでオノ・ヨーコと出会う

1967年

2月17日　"Strawberry Fields Forever"／"Penny Lane"がイギリスでリリース

6月1日　アルバム『サージェント・ペパーズ・ロンリー・ハーツ・クラブ・バンド』がイギリスでリリース

6月25日　世界に同時中継された『OUR WORLD〜われらの世界〜』でビートルズが200万人以上のテレビ視聴者に向けて"All You Need Is Love"を演奏

7月7日　"All You Need Is Love"／"Baby You're a Rich Man"がイギリスでリリース

8月27日　ブライアン・エプスタインがロンドンの自宅で亡くなった状態で発見される

9月11日〜12月3日　ビートルズが映画『マジカル・ミステ

リー・ツアー』を撮影
11月24日 “Hello Goodbye”／“I Am the Walrus” がイギリスでリリース
12月8日 EP『マジカル・ミステリー・ツアー』がイギリスでリリース
12月26日 『マジカル・ミステリー・ツアー』がBBCテレビで放映

1968年
2月15日～4月12日 ビートルズがマハリシ・マヘーシュ・ヨーギーのもとで超越瞑想を学ぶためにインドのリシケシュに滞在
3月15日 “Lady Madonna”／“The Inner Light” がイギリスでリリース
5月11日 ビートルズが自身の会社、アップル・コアの各部門を発表。エレクトロニクス、映画、出版、レコーディング、小売りの5つの部門を設置
7月17日 ロンドン・パヴィリオンで『イエロー・サブマリン』のワールド・プレミア
8月30日 “Hey Jude”／“Revolution” がイギリスでリリース
11月8日 ジョン・レノンとシンシア・レノンが離婚
11月22日 アルバム『ザ・ビートルズ』（通称『ホワイト・アルバム』）がイギリスでリリース

1969年
1月2～31日 ビートルズが映画『レット・イット・ビー』を撮影
1月30日 ロンドン、サヴィル・ロウにあるアップルのオフィス屋上でビートルズが最後のライヴを行う
1月17日 アルバム『イエロー・サブマリン』がイギリスでリリースされる
3月12日 ポール・マッカートニーがリンダ・イーストマンとロンドンで結婚する
3月20日 ジョン・レノンがオノ・ヨーコとジブラルタルで結婚する
4月11日 “Get Back”／“Don't Let Me Down” がイギリスでリリースされる
5月30日 “The Ballad of John and Yoko”／“Old Brown Shoe” がイギリスでリリースされる
9月26日 アルバム『アビイ・ロード』がイギリスでリリースされる
10月31日 “Something”／“Come Together” がイギリスでリリースされる
12月31日 スター・クラブが閉店する

1970年
3月6日 “Let It Be”／“You Know My Name (Look Up the Number)” がイギリスでリリースされる
4月10日 ポール・マッカートニーがビートルズを脱退したと発表
5月8日 アルバム『レット・イット・ビー』がイギリスでリリースされる
5月13日 『レット・イット・ビー』のワールド・プレミアがニューヨークで行われる
5月20日 『レット・イット・ビー』のUKプレミアがリヴァプールのゴーモントとロンドンのパヴィリオンで行われる

解説

藤本国彦

2023年11月に〝ビートルズ最後の新曲〟として発売された〝Now and Then〟は、世界的に大ヒットし、ビートルズがいまだに〝現役〟であることを実感させる大きな話題となった。それにしても、ビートルズはなぜ、時を超えていつまでも人の心に残り続けているのか？ 曲の良さはもちろん、見た目の良さや性格（の違い）など、〝ファブ・フォー〟の魅力を語るだけでも本が1冊できるほどだが、ビートルズが活動した1960年代という時代も重要だった。ビートルズは常に時代の先頭に立ち、音楽だけでなく文化・ファッション・政治…など人々の意識を覚醒させ続けたのだから。

いや、デビュー後だけが重要というわけではない。ビートルズが世界中を席巻する存在になりえたのは、ハンブルクでの3年間（1960〜62年）があったからだ—本書『ビートルズ・イン・ハンブルク　世界一有名なバンドを産み出した街』は、その重要性を強力に伝える一冊である。とはいえ、「ハンブルクがビートルズを成長させた」と紋切型に伝えるのではない。ハンブルクという土地柄やビートルズが向かった理由や背景、過ごした環境に力を入れているのが大きな特徴であり、数々のエピソードや関係者の証言などをまじえ、時系列を丹念に辿りながらまとめた秀逸な内容となっている。

海外のビートルズの評伝を読んでたびたび思うのは、1966年の日本公演や日本滞在時の話は、どれも物足りないし、ありきたりな内容に終始しているということだ。実態を知るなら、当時の報道や現地の人の話を見聞きするのがやはりいい。本書の著者イアン・イングリスは、「前書き」でこう力説している──「ハンブルクのビートルズ物語を真剣に語ろうとすれば、バンドだけでなくバンドが置かれた環境にも考慮する必要がある。この点において特筆すべきは、音楽以外にも熟慮した解説を行うわずかな文献の多くは、ドイツ人の著者によって書かれたものであることだ」と。

〝ハンブルクのビートルズ〟は、ジョン・レノン、ポール・マッカートニー、ジョージ・ハリスン、スチュアート・サトクリフ、ピート・ベストの5人（〝ファブ・ファイヴ〟）だったが、カイザーケラー出演時のクラウス・フォアマン、アストリット・キルヒヘル、ユルゲン・フォルマーとの出会いや、ローリー・ストーム・アンド・ザ・ハリケーンズのメンバーだったリンゴ・スターとの結びつきをはじめ、人と人との出会いの「運と縁」を感じざるを得ない描写が本書にはたくさん出てくる。

ハンブルクに行ったきっかけにしてもそうだ。1950年に「インドラ・クラブ」を開いたプロモーターのブルーノ・コシュミダーが、最初の渡英でトニー・シェリダン&ザ・ジェッツを「カイザーケラー」（1959年10月開店）に出演させたことが、すべての始まりだった。続いてペーター・エックホーンがデリー・アンド・ザ・シニアズを「トップテン・クラブ」（1960年11月開店）に出演させ、さらにマンフレッド・ワイスレダーが「スター・クラブ」を1962年4月に開店する。リヴァプールとハンブルクを繋ぐ太い糸を感じさせる筆致は躍動感があるし、実際、現地に足を運んだファンなら、それぞれの場所や位置関係について情景を思い浮かべながら楽しむことができるはずだ。リヴァプールからなぜ多くのバンドがハンブルクで演奏することになったのか、その背景も含めて詳述しながらも、著者は、コシュミダーもエックホーンもワイスレダーも音楽には興味が無かったと鋭く指摘している。裏を返せば、それだけマネージャのブライアン・エプスタインが（アラン・ウィリアムズやモナ・ベストよりも）有能だったということにもなるわけだが、ビートルズとエプスタインの出会いもまた、トニー・シェリダンのバック・バンドとしてハンブルクでレコーディングされた「マイ・ボニー」がきっかけになったのだから、「ビートルズとハンブルク」の結びつきは切っても切れない運命的なものだったと言ってもいいだろう。

　これまで知りえなかった話も、本書には随所に登場する。個人的に特に興味をそそられたのが2つある。まず、第2章「セックス&ドラッグ&ロックンロール」に登場するドラッグ（合成興奮剤）を使うことになった理由や背景についての詳細だ。プレルディンを常用するようになったそうだが、ほかにパープル・ハーツも試したとあるのを読んで、１９６４年3月19日、ビートルズが63年の「ショー・ビジネス・パーソナリティ賞」を授与された際にジョンが「パープル・ハーツをありがとう」と言った場面が即座に思い浮かんだ。同時期に撮影された映画『ハード・デイズ・ナイト』の列車の場面でコカ・コーラ（コーク）を鼻から飲もう（吸おう）としたジョンならではの一言である。

　もうひとつは、第7章「都市のサウンド」に出てくるブライアン・エプスタインとボブ・ウラーの会合についての記述だ。「ピート・ベスト解雇」の真相として、こんな説があったとは、全く知らなかったし、なるほどと思わせる説得力もある。

　興味深い話はほかにもあちこちに出てくるが、丸ごと一冊こうして読み終えて思うのは、こんなことだ―キャラの立った人が目まぐるしく登場する「ビートルズ物語」は、デビュー前のハンブルク時代も、負けず劣らず刺激的で、とてつもなく面白い、と。

訳者あとがき

革ジャン時代のビートルズは、本当にハンブルクでやんちゃをしていたのか？　ピート・ベスト解雇の真相は？　都市伝説や自分語りが混入するビートルズ論が溢れるなか、本書は様々な証言を検証しながら、ぎりぎりまで真実に迫ったノンフィクションだ。

遠い昔のこととは思えないリアルなエピソードの数々を訳しながら、この目で現場を確かめたくなり、去年、本書に何度も登場するブリティッシュ・ロック生誕の地、ロンドンのトゥーアイズ・コーヒー・バーと、ブレイク前のビートルズを支えた、リヴァプールのカスバ・コーヒー・クラブに行ってみた。

トゥーアイズはレトロな雰囲気のフィッシュ・アンド・チップスの店になっており、トゥーアイズ時代の写真が飾られたコーナーもあった。カスバを案内してくれたのは、ニール・アスピノールの孫にあたるローグ・ベストJr.だ。ビートルズがペイントした壁をはじめ、当時のままで保存・公開されている。モナについて聞いてみると、「亡くなる前にベッドで私を命名してくれました」と教えてくれた。

藤本国彦さんの『ゲット・バック・ネイキッド　1969年、ビートルズが揺れた22日間』を手伝った縁で、青土社から『ルート66を聴く　アメリカン・ロード・ソングは何を歌っているのか』を出版させてもらった。その本で触れたルート66に縁の深いウディ・ガスリー。彼の曲をスキッフル・バンドがトゥーアイズで演奏し、ビートルズもまたカヴァーしたのだ。そんなアメリカとイギリスの繋がりがドイツまで及んだことを、本書は教えてくれた（スキッフルの立役者クリス・バーバーが人気を博し、ハンブルクが「自由バーバー都市」と呼ばれそうな勢いだった事実も興味深い）。

編集の坂本龍政さんと篠原一平さんに御礼申し上げます。『インドとビートルズ　シタール、ドラッグ&メディテーション』に続き、解説を引き受けて下さった藤本国彦さん、ありがとうございました（先日、藤本さん引率のビートルズ・インド・ツアーに参加し、この本を追体験してきました）。そして、カバーデザインを手がけていただいただけでなく、『インドとビートルズ』と本書の翻訳担当として、私を指名下さった松田行正さんに、厚く御礼申し上げます。

ま行

や行

ら行

わ行

索　引

［著者］イアン・イングリス（Ian Inglis）
ノーサンブリア大学の芸術・デザイン・社会科学部の客員研究員。著書に『Performance and Popular Music: History, Place and Time』（2006年）、『Popular Music and Television in Britain』（2010年）、『The Beatles (Icons of Pop Music)』（2017年）などがある。

［訳者］朝日順子（あさひ・じゅんこ）
1970年、千葉市市川市生まれ。上智大学文学部英文学科卒業。翻訳家・編集者・音楽ライター。イベント出演と執筆を中心に、洋楽の歌詞解説を手掛ける。著書に『ルート66を聴く』（青土社）『ビートルズは何を歌っているのか？』『クイーンは何を歌っているのか？』（ともにシーディージャーナル）、訳書に『インドとビートルズ』（青土社）がある。

図版クレジット
67頁：© Arne Bellstorf and Reprodukt. *Baby's In Black: The Story of Astrid Kirchherr and Stuart Sutcliffe*, published in English by SelfMadeHero, London
9、19、49、63、91、97、103、119、165、175頁：Getty Images
41、59、77、149、185、189頁：© Ian Inglis
135（ＩＴＶ）、191（Action Press）頁：Rex Features
125頁：トニー・シェリダンの個人所蔵

ビートルズ・イン・ハンブルク
世界一有名なバンドを産み出した街

2024年4月27日　第一刷印刷
2024年5月12日　第一刷発行

著　者　イアン・イングリス
訳　者　朝日順子

発行者　清水一人
発行所　青土社

〒101-0051　東京都千代田区神田神保町1-29　市瀬ビル
［電話］03-3291-9831（編集）　03-3294-7829（営業）
［振替］00190-7-192955

印刷・製本　シナノ印刷
装丁　松田行正

ISBN978-4-7917-7638-2　Printed in Japan